Para

com votos de paz.

/ /

DIVALDO FRANCO
PELO ESPÍRITO
JOANNA DE ÂNGELIS

DIAS GLORIOSOS

SALVADOR
5. ed. – 2022

©(1999) Centro Espírita Caminho da Redenção – Salvador (BA)
5. ed. (1ª reimpressão) – 2022
500 exemplares (milheiros: 38.500)

Revisão: Luciano de Castilho Urpia
        Iana Vaz
Editoração eletrônica: Lívia Maria Costa Sousa
Capa: Cláudio Urpia
Coordenação editorial: Prof. Luciano de Castilho Urpia
Produção gráfica:
    LIVRARIA ESPÍRITA ALVORADA EDITORA
    Telefone: (71) 3409-8312/13 – Salvador (BA)
    E-mail: <leal@mansaodocaminho.com.br>
    Homepage: www.mansaodocaminho.com.br

Dados Internacionais de Catalogação na Publicação (CIP)
(Catalogação na fonte)
Biblioteca Joanna de Ângelis

F825	FRANCO, Divaldo.
	    Dias gloriosos. 5.ed. /Pelo Espírito Joanna de Ângelis [psicografado por] Divaldo Pereira Franco Salvador: LEAL, 2022.
	    200 p.
	    ISBN: 978-85-8266-012-6
	
	    1. Espiritismo 2. Moral 3. Atualidade I. Franco, Divaldo II. Título.
	                                               CDD: 133.93

Maria Suely de Castro Martins – Bibliotecária – CRB-5/509

DIREITOS RESERVADOS: todos os direitos de reprodução ao público e exploração econômica desta obra estão reservados, única e exclusivamente, para o Centro Espírita Caminho da Redenção. Proibida a reprodução parcial ou total, por qualquer meio, sem expressa autorização, nos termos da Lei 9.610/98.

Impresso no Brasil
Presita en Brazilo

SUMÁRIO

Dias gloriosos   7

1. Desenvolvimento científico   13
2. Forças mentais   19
3. Interação mente/corpo   25
4. Energia mental e vida saudável   31
5. Pensamento e doenças   37
6. Enfermidades da alma   43
7. Recuperação e cura   49
8. Neurônios e consciência   55
9. Engenharia genética   59
10. Clonagem humana   65
11. Transplantes de órgãos   73
12. Criogenia de seres humanos   81
13. Métodos eugênicos perturbadores   87

14. Mudança de sexo					93

15. Personalidades múltiplas			99

16. Morte e renascimento				105

17. Sobrevivência e intercâmbio			109

18. Regressão de memória				117

19. Paranormalidade humana			123

20. Parasitose espiritual				129

21. Ligeiro estudo sobre a reencarnação		135

22. Pluralidade de mundos habitados		153

23. Mitos e fantasias				159

24. Breve ensaio sobre o mal			165

25. A busca ilimitada				173

26. Educação moral				179

27. Desafios do ideal				183

28. Sementeira e ceifa				191

29. Despojamento				195

Dias Gloriosos

Os ininterruptos avanços da Ciência e da Tecnologia a cada dia abrem perspectivas fascinantes para o ser humano e a vida.

Cada vez mais amplos, os horizontes do pensamento alcançam dimensões dantes jamais concebidas.

A Arte e a Cultura facultam visões arrebatadoras em torno das possibilidades do desenvolvimento moderno ao alcance de quase todos.

Imaginações férteis apresentam incomparáveis recursos para o crescimento do indivíduo e o seu progresso nos diferentes campos do saber e do experienciar.

Diminuídas as distâncias na Terra, conquistam-se lentamente os astros mais próximos, qual antes ocorreu com a Lua e agora vem sucedendo com Marte.

A Informática proporciona o acessar fácil e confortável de informações de toda natureza com rapidez quase semelhante à do pensamento.

Da intimidade do lar viaja-se por praticamente todo o mundo, mantendo-se comunicação imediata e conseguindo-se de igual modo tudo quanto se deseja mediante os valiosos recursos da comunicação online.

Microcirurgias computadorizadas diminuem os riscos de vida, e outros processos cirúrgicos e terapêuticos proporcionam àqueles que possuem recursos econômicos o prolongamento da existência física, enquanto novos procedimentos surgem alterando as metodologias médicas e farmacológicas anteriores. Mas não somente nessa área ocorre o surto de conquistas, senão em todas as outras conhecidas, que se aprimoram para acompanhar a incidência de realizações contemporâneas.

Não obstante esses valores inapreciáveis que enriquecem o mundo, o monstro da guerra ainda não se afastou das fronteiras terrestres, prosseguindo ameaçador e cruel, ceifando vidas incontáveis; a fome continua sitiando centenas de milhões de homens, mulheres e crianças indefensos, que dperecem longe da compaixão e da misericórdia geral, quase que totalmente olvidados dos chamados povos civilizados; o crime perverso aumenta a sua fauce hiante e devora as mais belas florações da esperança, a todos ameaçando, mesmo que residentes em fortalezas dotadas de seguranças especiais; os vícios campeiam em desordem, e as dependências químicas, alcoólicas, tabagistas e sexuais alucinam crianças, adolescentes, adultos, anciãos, numa voragem assustadora; enfermidades degenerativas surpreendem os organismos mais vigorosos e os vencem inexoravelmente, enquanto a loucura pelo prazer e pelo poder domina incontáveis consciências, que anelam por consegui-los a qualquer preço...

Sem dúvida, existem milhões de criaturas de bem preocupadas com os desafios do momento, que estrugem com violência, ameaçando a ética e o amor, como se pretendessem levar ao caos tudo e todos de uma só vez.

Uma imensa vaga de agonia se avoluma em crescendo inestancável e se abate afogando as praias da sociedade e destruindo as mais belas construções nelas erigidas.

Tendo-se em conta de semideus, o homem moderno sonha em tornar-se a nova Divindade, trabalhando a intimidade do DNA para modificar as estruturas do ser humano, alterando-lhe completamente a constituição a seu bel-prazer, produzindo monstros ou santos, imbecis ou sábios; clonando outros indivíduos conforme as necessidades científicas e sociais de cada época, acreditando-se capacitado para mudar-lhes a história da evolução psicoantropológica a partir de então; pensa em ressuscitar cadáveres por meio de recursos que poderiam driblar a morte e oferecer a quase perenidade ao corpo, como se esse conseguisse resistir aos fatores do tempo e do próprio desgaste constitucional, apenas para citarmos alguns dos empenhos nos quais se encontram envolvidos muitos pesquisadores e ambiciosos sonhadores...

O materialismo continua campeando nas academias e nos laboratórios de pesquisa, procurando negar o Espírito e a sua causalidade, reduzindo o ser humano ao capricho das moléculas e o pensamento aos fatalismos neuronais, que a anóxia cerebral reduz ao nada...

A vida, no entanto, surpreende-nos a todos pelos seus potenciais inesgotáveis, que a mente ainda não pôde penetrar em toda a sua realidade, convidando-nos a reflexões muito profundas em torno dos limites em que nos movimentamos e ante a imponderabilidade das ocorrências que a todos surpreendem a cada dia.

Afinal, a Ciência não tem sido propriamente criadora de nada, porquanto tudo aquilo que apresenta, de alguma forma é cópia imperfeita do que observam os cientistas nos painéis grandiosos da Criação.

Lentamente, mas com segurança, os fatos que antes eram presunçosamente ignorados começaram a chamar a atenção de tal forma, que alternativa não tem havido senão a de examiná-los, estudá-los e concluir pela realidade do fenômeno imortalista, pela preexistência e sobrevivência do Espírito à morte, pela ordem universal criada por Deus e pelo sentido ético-moral de fundamental importância para a existência feliz.

Estudiosos e investigadores igualmente nobres e sinceros vêm mergulhando a sonda da observação e do experimento no organismo dos fatos, concluindo pelo ser na sua condição de energia pensante, constituído de psicologia e de fisiologia específicas fora da matéria, tornando-se, sem que se deem conta, sacerdotes do Espírito.

São eles os missionários da fé vibrante dos tempos passados, que retornam com o escalpelo da Ciência para confirmar a predestinação do ser à glória imortal.

Por tudo isso, estes são dias gloriosos.

Reunimos no presente livro temas de atualidade e que têm sido motivo de controvérsia em diferentes campos do pensamento e da Religião, apresentando nossas observações e opiniões que haurimos na consoladora Doutrina Espírita, no seu tríplice aspecto de Ciência, Filosofia e Religião, conforme Allan Kardec no-la ofereceu, após colhê-la dos nobres guias da Humanidade, inclusive contribuindo com próprios e judiciosos apontamentos repassados de sabedoria e de lógica irretorquível.

Estamos conscientes de que muitos estudiosos do Espiritismo têm-se preocupado com as questões que ora apresentamos e possuem as respostas claras quão objetivas para as mesmas com a seriedade e o respeito que nos merecem todos.

Nosso objetivo é apenas contribuir de alguma forma para que se leve em consideração a incomparável proposta do Espiritismo, que restaura e atualiza o pensamento de Jesus, sempre vivo e estuante na mente e no coração de todos aqueles que O amam.

Salvador, 19 de outubro de 1998.

Joanna de Ângelis

1
Desenvolvimento Científico

É incontestável o surto do desenvolvimento científico, notadamente a partir do século passado, com os sucessivos inventos que alteraram todas as vidas humanas.

O pensamento de homens e mulheres audaciosos, como Allan Kardec, Charles Darwin, Karl Marx, Sigmund Freud, Marie Curie, Albert Einstein, produziu uma revolução de tal porte nos conceitos e costumes das criaturas, que até hoje tentam adaptar-se ao novo mundo por eles descoberto.

No que diz respeito à tecnologia, desde a locomotiva a vapor até o telefone, o mundo experimentou grandiosa modificação que lhe alterou completamente a estrutura até então dominante.

A área médica foi ampliada com a conquista da anestesia e da assepsia, com a Microbiologia e as vacinas que passaram a salvar milhões de vidas expostas à morte, por desconhecimento de como se podia tratá-las e fazê-las prosseguir.

As técnicas da microcirurgia aumentaram ainda mais o campo da saúde, proporcionando reparação segura nas peças delicadas do cérebro e de outros órgãos imprescindíveis a uma existência digna.

Não obstante, à medida que foram detectadas informações valiosas no Cosmo, assim como na fisiologia do ser humano, em vez de se apresentarem solucionados os quesitos, outros mais embaraçosos se fizeram notar, aguardando futuros investimentos de pesquisas e observações.

Os cientistas do passado, na sua ingenuidade, possuíam respostas rápidas para quase todas as interrogações que lhes eram apresentadas, nem sempre, porém, correspondendo à realidade dos fatos. À medida que a percepção do Universo se dilatou e as sondas penetraram na intimidade das partículas atômicas e subatômicas, mais difíceis se tornaram a compreensão e utilização racional das suas possibilidades quase infinitas.

A própria mente humana continua um mistério para os neurofisiologistas, que têm dificuldade em limitar o campo no qual se expressa o cérebro e ela se exterioriza, tanto quanto a memória e os seus mecanismos para reter informações complexas, abstratas muitas delas, mediante processos de interação bioquímica, que podem ser acionados com um simples apelo da vontade.

A descoberta do axônio, por exemplo, facultou o entendimento do neurônio cerebral, no entanto, as mais recentes conquistas em torno das interleucinas, cerebrinas, interferon e outras enzimas, ampliaram quase infinitamente a compreensão a respeito dos mecanismos nervosos e suas funções relevantes para o ser humano, o seu pensamento, memória, equilíbrio orgânico, dentre outros.

Simultaneamente, a identificação do centro de interação mente/corpo, na área límbico-hipotalâmica, em face das abundantes presenças neurais, explicou a razão por que a mesma se encontra na base do cérebro e no alto da coluna vertebral, favorecendo a perfeita comunicação do Espírito com o corpo e deste com aquele.

Mais avançados estudos nesse campo proporcionaram a compreensão de como se processam essas interações psicofísicas, ante a conclusão de que os sentimentos superiores, tais o amor, a solidariedade, a confiança, a bondade, a ternura, a caridade, a fé, podem corresponder à presença de fótons no organismo; enquanto que os negativos ou primários, como o ódio, o ressentimento, o medo, a angústia, a raiva, o ciúme, a inveja, podem apresentar-se como elétrons, assim propiciando bem ou mal-estar conforme a onda mental em que o indivíduo estacione.

Concomitantemente, a Biologia Molecular, ampliando suas observações, vem alcançando realidades dantes jamais concebidas, demonstrando que os fatores psíquicos são essenciais para uma boa harmonia física, tanto quanto o inverso se opera, construindo a criatura conforme o seu padrão de comportamento moral e mental.

A Física Quântica já desmistificou a matéria, avançando gloriosamente para a energia, alcançando as tecelagens sutis do Espírito, que é o *princípio inteligente do Universo*, quase logrando identificar o mundo causal de onde tudo procede.

A Psicologia Transpessoal e suas congêneres lograram *descobrir* o Espírito, enriquecendo-se de respostas e terapias para os difíceis problemas que antes enfrentavam e que ainda permanecem em outras escolas, tornando a existência mental e comportamental mais digna e apetecível com possibilidades fascinantes de paz e plenitude.

A vida estua soberana em toda parte, e mesmo no reino mineral *dorme*, sonhando com as desconhecidas possibilidades que se lhe encontram em germe.

Não obstante as incomparáveis realizações da Ciência e da Tecnologia, continuam desafiadores inumeráveis outros quesitos que aguardam solução nos laboratórios, quais a vida em outras dimensões fora da Terra, a impossibilidade de o cérebro interpretar-se a si mesmo, o fatalismo biológico que responde pela morte ou *suicídio* das células para manter a forma física, sem extrapolar os limites do equilíbrio, e mais além, os *buracos negros*, o que havia antes do *Big bang*, os limites do Universo, em razão do retorno das partículas que defrontam aquelas que estão avançando, produzindo os *quasares azuis*, a luz negra, que tudo invade e ainda não pôde ser fotografada, bem como um número expressivo de outros fenômenos no macro e no microcosmo...

Lentamente, mesmo sem dar-se conta, os cientistas se tornam sacerdotes do Espírito e avançam corajosamente ao encontro de Deus e das Suas Leis, que vigem em toda parte.

O Espiritismo, por sua vez, na condição de ciência de *observação,* já penetrou esses *mistérios,* oferecendo-lhes soluções lógicas, partindo da Realidade Divina, do Espírito imortal e suas reencarnações, dos fenômenos anímicos e mediúnicos, dos valores ético-morais e das heranças do pensamento de Jesus Cristo, quais sejam o amor, o perdão, a caridade, a renúncia às paixões, a vera humildade, a compaixão e a misericórdia, para oferecer segurança e paz ao ser humano, impulsionando-o a avançar nos rumos da sua integração com a Consciência Cósmica.

Chega lentamente o momento em que a Ciência e a Religião dar-se-ão as mãos, completando-se mutuamente, apoiadas nos fatos, na razão e na lógica que deverão ser o sustentáculo de ambas, avançando velozmente na conquista de mais profundos valores e interpretações a respeito da vida e do Infinito.

Tal feito somente se fará possível graças à reencarnação, que faculta aos Espíritos o retorno à indumentária carnal, a fim de darem prosseguimento aos estudos e realizações a que se afervoram, não os vendo interrompidos pela morte, mas sim alterados os quadros de observações com o estágio na erraticidade. Desta retornam mais enriquecidos pelas lembranças do mundo real, aplicando na Terra esses conhecimentos que contribuem para a superação dos atavismos perniciosos e das paixões a que se escravizaram em decorrência das experiências iniciais por onde transitaram.

O Universo é a condensação do Amor de Deus e somente através do amor poderá ser sentido, enquanto pela inteligência será compreendido.

Conhecimento e sentimento, unindo-se, harmonizam-se na sabedoria que é a conquista superior que o ser humano deverá alcançar, portanto, plenitude *intelecto-moral*, conforme acentua o nobre codificador do Espiritismo, Allan Kardec.

2
Forças mentais

A mente é dínamo gerador de energia de difícil catalogação, que se expressa automaticamente, conforme o conteúdo emocional de que se reveste. Exteriorização do Espírito, é interpretada pelo cérebro que a transforma em ideia, tornando-a veículo de comunicação e de expressão variada. Força irradiante, o seu teor vibratório resulta dos sentimentos daquele que a emite.

Mesmo quando não conduzida conscientemente, essa energia mantém sintonia com outras equivalentes, gerando efeitos que correspondem à sua constituição.

Conhecida, de alguma forma, em quase todas as épocas da Humanidade, tem sido utilizada de maneiras diferentes, quase sempre alcançando os fins para os quais se aplica.

Mesmer estudou-a cuidadosamente e elaborou a Doutrina do Magnetismo, descobrindo as suas possibilidades terapêuticas. O Marquês de Puységur recorreu aos seus valiosos recursos, conseguindo transmiti-la e imantá-la em árvores que, momentaneamente, lhe guardavam e transferiam as vibrações. Allan Kardec utilizou-se da sua prática e conseguiu atingir estados de sonambulismo. O Dr. James Braid pôde alcançar os estados hipnológicos e, à medida que o conhecimento evoluiu, mais foi penetrada e conhecida, facultando identificar-se recursos que explicam um sem-número de fenômenos que passavam por miraculosos e sobrenaturais.

É o veículo de múltiplas manifestações anímicas, em razão de proceder do Espírito que a emite, qual antena que não cessa de vibrar. Ao mesmo tempo responde pelas diversas ocorrências da telepatia, da telecinesia ou movimentação espontânea de objetos, da combustão natural, sendo um agente poderoso e ignorado que se encontra à disposição da criatura humana, que a não tem sabido orientar corretamente.

Em razão da sutileza das ondas que exterioriza, a mente intervém nas construções do mundo físico e age diretamente sobre todos os corpos, às vezes alterando-lhes a constituição. O mesmo ocorre no que diz respeito ao intercâmbio psíquico, atuando nas faixas semelhantes e operando efeitos que lhe correspondem ao teor vibratório.

O Universo é resultado da Mente divina que não cessa de agir positivamente.

Tudo quanto cerca o ser humano, de certo modo resulta da sua afinidade mental, sendo ele também o cocriador, graças às edificações que opera pela incessante emissão de força psíquica.

Ao mesmo tempo, essa energia é responsável por inúmeros estados de bem e mal-estar, de saúde e de doença, de alento e de desconforto.

Penetrante em qualquer obstáculo, vence distâncias com rapidez inconcebível, atingindo a meta com facilidade e quase sempre encontrando ressonância no fulcro ao qual se conecta.

O intercâmbio mental é muito maior do que se pode imaginar. Inconsciente ou de forma lúcida entre os homens e mulheres; direcionado aos animais e plantas; entre os Espíritos, alguns dos quais o manipulam com propriedade; destes para com os outros demais seres humanos, assim também com a Fonte da Vida.

Aspirações e desejos ignóbeis, mágoas e ódios, ciúmes e paixões são focos emissores de energia mental de baixos teores que cruzam os espaços na direção de pessoas e de tudo aquilo que se encontra sob a sua alça de mira.

Transtornos emocionais e de conduta, amolentamento e irascibilidade, tensão e angústia procedem, muitas vezes, da irradiação negativa de mentes em desequilíbrio vibrando intensamente contra aqueles que as sofrem.

Pessimismo, autodepreciação, estimulações perniciosas também respondem por distonias nervosas, depressões e flagelos íntimos que decorrem da absorção das ondas mentais enfermiças.

Alegria, idealismo, realização dignificante são gerados e mantidos pela mente em sintonia com a ordem universal, vitalizando quem a emite.

A mente exerce incomparável poder na existência humana, através de cuja manipulação o progresso se desenvolve ou degenera a civilização.

O cultivo de pensamentos anestesiantes ou tóxicos produz insuspeitados danos ao próprio indivíduo, ao meio em que se movimenta, à sociedade de que faz parte. O mesmo fato ocorre quando a sua qualidade é elevada e saturada de esperanças, de ideias produtivas, gerando contínuas transformações para melhor no ser que os sustenta, assim como em torno de si, irradiando-se e alcançando o grupo social que o cerca.

Quanto mais é vitalizada a mente pela fixação de qualquer ideia, mais predominante se lhe torna, passando a comandar todas as aspirações que envolvem o ser humano e a sua vida.

Assim ocorre com os construtores do mundo nos diferentes campos do processo evolutivo. Vincularam-se aos postulados de engrandecimento e vivem-nos à saciedade, crescendo sempre e produzindo cada vez mais.

O inverso também se dá, e de forma volumosa, mais acentuadamente. Os vícios e comportamentos mórbidos que dominam as paisagens mentais e se exteriorizam em crescente volume consomem as suas vítimas sempre sedentas e insatisfeitas, desnutridas e doentias.

Conforme o pensamento mantido, no mesmo padrão a existência se apresentará. Isto porque, além dos efeitos propiciados pelas ondas emitidas no próprio agente, suas irradiações produzem sintonia com outras equivalentes que lhe aumentam o curso e o conteúdo, produzindo os mais pesados ônus de sofrimento e de desgaste.

Intercâmbios mentais infelizes predominam nos espaços terrestres entre as criaturas. Mas também influências psíquicas estimulantes, afetuosas, enriquecedoras, atravessam as distâncias e são captadas pelos que se encontram nas faixas das ondas em que se espraiam, alcançando aqueles a quem são dirigidas.

Todo movimento e realização no mundo são produto das forças mentais que se transferem de uma para outra antena psíquica, de um para outro lugar, construindo e demolindo, ativando ou desarticulando obras.

Envolve-te no pensamento do bem e ora sempre, a fim de que as tuas sejam forças mentais enobrecidas.

A oração proporciona sintonia com as irradiações superiores da Mente divina, na qual mergulharás, beneficiando-te com elas.

Se te manténs inadvertido a respeito do intercâmbio psíquico e não vigias, sofrerás o efeito daninho de muitas mentes que te buscam, roubando-te vitalidade ou impondo-te suas cargas nem sempre saudáveis, que te submeterão.

Estás sempre em sintonia, queiras ou não, com as forças mentais que se movimentam no mundo. Conforme a tua identificação emocional, externarás vibrações que se vincularão a outras de igual teor vibratório.

Não te descuides do que pensas, do que aspiras, do que falas e de como ages. Da mente procedem todos esses passos e se não a tens disciplinada, habituada aos bons direcionamentos, sofrerás as correspondências da reciprocidade.

Respiras a atmosfera saturada pelo teu psiquismo, vivendo de acordo com as suas irradiações. Ascendendo a planos elevados, te nutrirás de energia pura, saudável. Descendo aos fossos dos desejos brutais, voluptuosos, te intoxicarás com as emanações morbíficas ali emanadas.

És tu quem eleges a região psíquica para viver e pela qual te conduzirás na busca da realização interior.

Muitas vezes enfrentarás campos psíquicos minados por cargas viciadas e perigosas, imantadas por seres espirituais perversos e doentios que se utilizam de outras pessoas para te alcançar e prejudicar.

Somente poderás conduzir-te nessas batalhas com os recursos morais que provêm das tuas energias psíquicas.

Como não temem outros recursos, será através das tuas vigorosas emissões vibratórias que a eles escaparás.

Assim, robustece-te no autoconhecimento, aprofundando a tua capacidade de bem pensar para melhor agir, adquirindo controle e direção segura para a tua existência terrena.

O teu pensamento é fonte de vida que não podes descurar.

As tuas forças mentais devem ser cuidadas, ampliadas, aplicadas na elaboração de novas condutas para ti e para o mundo sob a inspiração de Jesus Cristo, cuja existência na Terra foi sempre vivida em perfeita sintonia com Deus, de Quem hauria forças para o desempenho do ministério a que se entregou, e para manter o poder sobre as *entidades* do mal, carregadas de energia destrutiva, que Ele muitas vezes enfrentou.

3
INTERAÇÃO MENTE/CORPO

O ser humano é todo um universo miniaturizado, cujos elementos que o constituem são de igual importância para a harmonia do conjunto. Em qualquer tentativa de examiná-lo sob um aspecto deixando-se à margem outro, os resultados são incompletos, por ausência de fatores essenciais para uma perfeita identificação da sua realidade.

Por isso mesmo, não é possível dissociar-se a mente do corpo e vice-versa, o que equivale dizer, o Espírito da matéria.

A interferência do psiquismo no mundo orgânico é preponderante para que se possa viver em equilíbrio.

Uma saudável disposição mental se reflete no conjunto físico em forma de bem-estar, em razão das irradiações da usina psíquica oferecerem lubrificante para as engrenagens celulares, que passam a movimentar-se sob comando equilibrado.

A cada dia os cientistas da saúde constatam mais evidências dessa realidade, que foi identificada desde os primórdios da arte de curar, particularmente quando os pais gregos da Medicina compreenderam que a mente é de relevante importância para a constituição harmônica da existência humana.

Na atualidade, as conquistas da Psicologia vêm demonstrando que os fatores psicossociais são de alto significado para a conduta da criatura. Segundo a mesma, a hereditariedade tem uma contribuição de menor importância que a educação, o inter-relacionamento pessoal, as pressões econômicas, as expressões afetivas, que programam o indivíduo para a felicidade ou para a desdita. Como consequência, essas condutas produzem reflexos muito fortes na área da saúde, facultando o surgimento de enfermidades ou preservando o conjunto em boa atividade.

Os comportamentos estressantes, o hábito de recalcar sentimentos agressivos, a conduta conformista exterior e rebelde interna, o acumular de ressentimentos ou paixões perturbadoras, as ambições desmedidas, o autodesamor transformam-se em toxinas elaboradas pelo cérebro, que sofre o impacto da inarmonia mental, produzindo esses venenos que se espraiam pelo sistema nervoso central e terminam por fixar-se nos departamentos orgânicos, especialmente naqueles mais sensíveis, quais os aparelhos gástrico, respiratório, genésico, estabelecendo desconserto geral.

Por outro lado, os sentimentos de esperança, de fé, de amor, de alegria, de paz e as ideias edificantes proporcionam altas descargas de energias salutares, que são conduzidas pelas moléculas dos peptídeos em forma de endorfinas, interferon, interleucinas e outras substâncias equivalentes que restabelecem a equilibrada mitose celular, recuperando-as das desarticulações, estimulando os leucócitos e gerando circuitos de vibrações bem-estruturadas.

O amor, por exemplo, é de natureza fisiológica, embora se expresse como sentimento do ser profundo, já que ele pode ser detectado do ponto de vista quântico na condição de fótons, enquanto o medo e a ira se podem apresentar como elétrons.

O pensamento desempenha uma função importante no conjunto existencial do ser humano, percorrendo todas as células, particularmente as do sistema nervoso simpático, que mantêm perfeito intercâmbio com as do imunológico.

Assim sendo, as descargas mentais transitam através das referidas moléculas dos peptídeos por ambos os sistemas, proporcionando-lhes efeitos decorrentes da qualidade de onda de que são portadoras.

Essa interação mente/corpo é, por sua vez, resultado da constituição humana ser não somente material, mas essencialmente psicofísica, portanto, trabalhada pelo Espírito, que é o agente da vida inteligente e organizada na criatura.

Utilizando-se dos neurônios cerebrais e das suas conexões eletroquímicas, o Espírito está sempre enviando mensagens de variado teor a todos os setores do envoltório físico pelo qual se manifesta.

Quando essas emissões são constituídas de ideias otimistas, pacificadoras, alegres, embora não ruidosas, surgem as respostas saudáveis no corpo, que se apresenta dinâmico, jovial, tendo preservados os seus equipamentos.

Quando, no entanto, são carregadas de energia deletéria, depressiva, inconformista, perturbadora, os efeitos apresentam-se danosos, agredindo as defesas imunológicas e desarticulando os mecanismos de equilíbrio que respondem pela saúde.

A saúde, porém, neste contexto, vai além da ausência de doenças, porquanto essas estarão apresentando-se sempre de forma variada, como decorrência da necessidade de superação que o indivíduo terá que enfrentar através do seu processo de evolução.

Quando são encontrados recursos para a eliminação de uma enfermidade, outra surge não menos grave ou ameaçadora, substituindo a anterior, qual tem acontecido através dos milênios na Terra. Essa ocorrência assim se manifesta em razão de serem os Espíritos que a habitam, ainda de certo modo inferiores, com as exceções naturais, necessitando do flagelo do sofrimento para se depurar e desenvolver os tesouros de luz que se lhes encontram adormecidos.

Como a função da vida física não é sofrer, mas facultar à criatura as possibilidades de ampliação dos seus recursos internos, de trabalhar-se para superar as injunções dolorosas, tais deveres não devem ser postergados, os quais ensejam o esforço para bem administrar todas as ocorrências que a afetam negativamente, provocando desajuste e infelicidade.

Em face desse comando realizado pelo Espírito sobre a organização celular, a interação mente/corpo deve auxiliar o indivíduo e proporcionar-lhe a autocura, da mesma forma como produz a autorrealização naqueles que se aplicam os meios de libertar-se das aflições emocionais e dos receios injustificáveis.

Certamente, não serão conseguidos mecanismos de autocura para todas as enfermidades, o que exigiria estrutura especial de comportamento emocional e psíquico ainda não conseguida pelos seres humanos na sua generalidade. Nem isso é importante, porquanto o essencial é como o indivíduo se conduz, de como se utiliza das possibilidades disponíveis para crescer e realizar-se, podendo lográ-lo, quer seja portador de uma enfermidade ou não. Se bem que, muitas vezes, se torne malsucedido, apesar de encontrar-se com expressiva dose de saúde física...

Porque o Espírito é legatário de si mesmo através do sendeiro das reencarnações, conduz no seu foro íntimo o resultado dos sucessos ou das dificuldades trabalhadas em cada etapa iluminativa. Alguns desses efeitos atingem-no, convidando-o ao refazimento da experiência, à reflexão, à superação da deficiência de que se deve libertar. Eis por que, muitas vezes, o Espírito apresenta-se aprisionado em problemas emocionais, psíquicos e físicos muito graves, que se lhe transformam em verdadeiras cruzes. Não obstante, alterando o comportamento mental e adotando normas elevadas de conduta moral, lentamente se lhe alteram as paisagens difíceis por onde transita, adquirindo bem-estar e podendo administrar os restantes dissabores muito comuns no trânsito carnal.

Ninguém vive no mundo sem desafios, particularmente na área da saúde, dos relacionamentos interpessoais, das aspirações, dos processos de crescimento íntimo. São eles que promovem o ser, que lhe desenvolvem a capacidade da luta, que o aprimoram, auxiliando-o sempre a conquistar novos patamares evolutivos, sem o que a existência terrena perderia todo o sentido e significado espiritual.

Tornar, porém, esta existência o mais agradável possível, mais enriquecedora e pródiga de conquistas, é a atitude inteligente que devem assumir todos aqueles que se conscientizam da transitoriedade do corpo e da perenidade do Espírito.

Autoesclarecendo-se e predispondo-se à força da mente sobre o corpo, o ser humano passa a ter uma existência física bem delineada, aprendendo a enfrentar todos os lances que ocorram com naturalidade e disposição ética de vencer.

É claro que nos não referimos à aceitação tácita dos fenômenos negativos que se sucedem durante a reencarnação, mediante os quais a aparente resignação nada mais é do que válvula de escape para ocultar sentimentos de revolta e de desencanto, que se instalam como distúrbio interior a refletir-se de futuro na organização somática.

A proposta é de *digerir* e assumir todos os acontecimentos, sobrepondo a paz íntima às ocorrências perturbadoras, agressivas, e que parecem desmotivar o indivíduo para o prosseguimento da luta.

O ser humano é, por excelência, aquilo que pensa, que cultiva no campo mental, que termina por tornar-se realidade. Estruturalmente constituído pelo fluido vital, sendo o *princípio inteligente do Universo*, a sua é uma realidade profundamente psíquica, que está sempre a interagir na sua organização física.

O homem saudável, portanto, não é aquele que se encontra extático, aparentemente triunfador sobre as situações enfrentadas, mas quem permanece lutando, sempre disposto a prosseguir com os olhos postos no futuro para onde avança.

A importância da interação mente/corpo se fará tão apreciável do ponto de vista médico, que a futura Engenharia Genética irá trabalhar as substâncias que providenciam a manutenção da saúde e da autocura, sintetizando-as em laboratório para serem aplicadas como produtos que se podem adquirir com facilidade. No entanto, sempre dependerá do próprio indivíduo a manutenção do seu estado de paz ou do prazer mórbido de encontrar-se em aflição permanente.

4
Energia mental
e vida saudável

Cabe ao ser inteligente descobrir na Terra a razão fundamental da própria existência, a fim de estabelecer os parâmetros propiciadores da felicidade, de forma a desenvolver a capacidade de crescimento interior, razão primacial da sua autorrealização. Enquanto não se resolva por detectar e aplicar os métodos mais compatíveis para o enriquecimento moral e espiritual, tudo se lhe apresentará sem maior sentido ou significado transformador, tornando-se o trânsito carnal um desafio recheado de desencanto e aflição.

Remanescendo no seu inconsciente profundo todos os conflitos do processo de racionalização a que foi submetido no passado, mediante os dolorosos episódios de dor e de sombra experimentados, as castrações impostas pela ignorância, os medos decorrentes dos estágios primevos, mais facilmente se entrega aos fenômenos mórbidos da depressão, da ansiedade, da insegurança, do que ao encantamento das aspirações de enobrecimento, de beleza e de paz, que lhe devem constituir emulações para a vitória nas mais diferentes situações existenciais.

A alegria de viver deve ser uma norma de conduta natural em todos os seres pensantes, mesmo quando as circunstâncias não se exteriorizam conforme desejariam. Isto porque, as ocorrências do dia a dia alteram-se a cada instante, transformando tristezas em júbilos como felicidade em infortúnio.

O fato de alguém encontrar-se usufruindo a bênção do corpo físico, mesmo que assinalado por dificuldades e limitações, representa-lhe uma dádiva com promissoras ocasiões de autossuperação que se lhe apresentam, facultando-lhe alterar a paisagem pessoal, dependendo exclusivamente da própria opção direcionada ao comportamento que se deve permitir.

A mente, nesse mister como noutros, desempenha papel relevante em relação à conduta, porque dela procedem todos os programas a que o corpo se submete. A sua ação eficiente transmite-se através de ondas que alcançam as delicadas engrenagens dos neuropeptídeos que se ramificam pelos diferentes sistemas nervoso central, imunológico, endócrino, que se interdependem, comunicando-se com todos os demais departamentos celulares da organização somática.

Quase sempre, porém, o indivíduo, trazendo marcas profundas de compromissos não solucionados de outras existências, torna-se vítima espontânea das fixações que ressumam, imprimindo na área emocional conflitos depuradores a que se aferra como necessidade psicológica de autopunição, perfeitamente dispensável no mecanismo de sua evolução para uma vida realmente saudável e ditosa.

A teimosa atitude em manter as emoções desordenadas responde pelos inumeráveis sofrimentos a que se submete, passando a viver de maneira masoquista, embora sem dar-se conta do distúrbio que o conduz.

A aspiração do bom e do belo, da paz e da alegria, sinaliza despertamento de consciência para mais altos voos.

O cérebro, sob o comando da mente, responde conforme o gênero de ordens que recebe, contribuindo com enzimas estimuladoras da saúde ou toxinas que irão destruir os sensíveis equipamentos da maquinaria orgânica, emocional ou mental.

A mente, porém, pode ser vítima de hábitos que se arraigam, tornando-se fatores degenerativos para o ser pensante. Indispensável, portanto, que se renove, cultivando ideias elevadas, que gerem respostas de bem-estar.

É compreensível que periodicamente o organismo se ressinta sob a agressão de vírus e bacilos, de desordens de uma ou de outra natureza, mesmo que o indivíduo se encontre perfeitamente sintonizado com as ideias saudáveis, o que é natural.

A própria constituição material que reveste o ser real é frágil e susceptível de experimentar vários naturais distúrbios e processos degenerativos, já que tende a transformações contínuas, inclusive à dissolução do arquipélago celular que lhe expressa o todo. Do contrário, seria aguardar-se a imortalidade da forma, que sempre se altera e se decompõe. O importante, no entanto, é como se encontra o indivíduo para enfrentar o mecanismo físico de que se reveste, mantendo-se em clima de otimismo e de harmonia.

A doença, não raro, deve desempenhar um papel muito significativo na conduta do ser humano, porque lhe demonstra, em primeiro lugar, a fragilidade de que se constitui o corpo; depois, convida-o a reflexionar em torno das causas desencadeadoras da ocorrência enfermiça; por fim, proporciona-lhe a capacidade de aprender a administrar todos os fenômenos existenciais.

Dessa forma, surge a interrogação a respeito de como fazer-se com o sofrimento, quando ele se manifesta. Pode-se rejeitá-lo, pura e simplesmente, detestá-lo sob a pressão da revolta ou aceitá-lo com resignação, quase indiferença. Entretanto, é possível enfrentá-lo com um diferente tipo de conformação, aquela que se apresenta dinâmica.

A rejeição, em si mesma, de forma alguma lhe altera o quadro, antes lhe dificulta a captação da mensagem de que se reveste, trabalhando em favor da sua ampliação, da complicação do problema. O enfrentamento rebelde destrói as reservas de equilíbrio e de força, aumentando a carga de aflição. A resignação estática, indiferente, que não trabalha pela erradicação da causa, é morbidez que deve ser combatida, desânimo que se instala no ser... Somente uma aceitação, aquela que compreende o acontecimento afligente e se esforça por modificar-lhe as consequências, superando os limites impostos e dando prosseguimento aos compromissos abraçados, mesmo que a peso de grande esforço, é que contribui para a estruturação do ser inteligente, apreendendo a lição que sempre segue a todo tipo de dor ou provação.

Por isso, é imprescindível o auxílio da esperança, que fomenta a coragem, que se deriva da vibração mental positiva, enriquecedora, de procedência superior, porque dimana da vida.

O Espírito experiencia a jornada carnal a fim de desenvolver todos os valores que se lhe encontram em germe, por isso mesmo vinculado às Fontes Superiores de onde procede, que o inspiram e animam em todas as vicissitudes que deve enfrentar e pelas quais passará inevitavelmente. O seu crescimento se dará sempre pelos processos de harmonia, isto é, equilíbrio e alteração de conduta, que não significará certamente desajuste, mas que lhe desenvolverá novas capacidades de enfrentamento das circunstâncias e processos inerentes à evolução.

Todo esse programa se torna factível se o indivíduo se propuser à tarefa do autoconhecimento, descobrindo a própria realidade que ultrapassa o limite da sua corporalidade e avança pela senda da sua imortalidade. Passo contínuo, estabelece as metas existenciais, as finalidades e objetivos da peregrinação humana, empenhando-se por atingir a meta, mesmo que etapa a etapa, sem pressa angustiante nem postergação mortificadora.

A lucidez mental propele o ser ao avanço que não cessa e irradia mensagens que o fortalecem, auxiliando-o a manter o padrão de equilíbrio que deve caracterizar a real saúde, aquela que permanece mesmo quando momentaneamente se instalam doenças, surgem aflições, aparecem distúrbios de qualquer natureza. Predominante no íntimo do ser, esse estado de bem-estar encarrega-se de predispor a novos tentames felizes que o impelem à conquista da felicidade.

A preservação da mente em harmonia com o Cosmo, eis a meta que deve ser conquistada, a fim de ser estabelecido o programa de evolução possível, que aguarda a criatura humana.

Em qualquer situação, pois, em que se encontre o ser pensante, a sua fonte de irradiação psíquica deve estar em perfeita sintonia com as ondas do Psiquismo Divino de onde procedem todos os dons da vida e os meios para serem logrados os objetivos existenciais.

5
Pensamento e doenças

A consciência do ser humano espraia-se por todo o seu organismo através das variadas expressões de capacidade vibratória dos elementos que o constituem.

Desse modo, operando em harmonia conjunta, cada célula é portadora de pródromos de consciência individual, em cujas tecelagens delicadas se imprimem as necessidades evolutivas do ser humano.

Trabalhadas pelos comandos automáticos do perispírito, elas resultam da condensação de ondas específicas que conduzem os conteúdos morais encarregados de produzir os órgãos e os diversos mecanismos constitutivos do indivíduo.

A célula é, portanto, em si mesma, a materialização do molde energético elaborado pelo *modelo organizador biológico*.

Quando ocorre a disjunção molecular de cada uma, pelo fenômeno da morte física, não se dá a desintegração ou o aniquilamento daquele que a constituía, permanecendo como parte integrante do conjunto ordenador. Como consequência, cada uma possui registros especiais que se encarregam de sincronizar-se num conjunto harmônico total. Esse tipo de registro pode ser considerado como uma forma de *consciência* embrionária que conduz e preserva *informações* sobre as ocorrências de que participa.

O perispírito, dessa forma, é também constituído pelo conjunto dessas *consciências celulares* que formam a consciência global encarregada de transmitir ao Espírito as memórias, as conquistas e realizações de cada experiência reencarnatória, e de todas elas em conjunto, sempre alteradas conforme as transformações naturais da etapa vivenciada.

Os pensamentos que se originam no ser espiritual, à medida que se transferem para as áreas da sensação, da emoção e da ação, imprimem os seus conteúdos nas referidas *células de energia* que os executam na forma física, estabelecendo os resultados conforme a qualidade da onda mental.

Graças ao teor vibratório de cada emissão pensante, a carga estimula a *consciência* celular que se sente mais fortalecida, gerando saúde, ou se desarmoniza, produzindo doença. Mesmo que venha a desestruturar-se a célula física, no processo de desorganização liberta a de natureza energética que influenciará os futuros mecanismos de equilíbrio ou de desajustes do ser humano.

As doenças mais graves são aquelas que se originam na alma, espraiando-se pelo organismo físico e transformando-se em processos degenerativos, infecciosos, produzindo dores, ou se exteriorizam como conflitos que se convertem em transtornos psíquicos, cuja gravidade se encontra na razão da causa produtora.

A sementeira do ódio, do ciúme, da inveja, da ira e de outros anestésicos do Espírito produz vírus e vibriões psíquicos que atacam o próprio como o organismo daquele que, desprevenido, inspirou a produção dessas ondas devastadoras que a mente produz e direciona conforme a sua estrutura moral. Ao mesmo tempo, ideoplastias sustentadas pelo pensamento fixo em ideias perturbadoras e agressivas, contribuem para o surgimento de toxinas que invadem o organismo, desarticulando-lhe a estrutura vibratória, enfermando-o, e trabalhando para matar-lhe as defesas, os fatores imunológicos.

A conduta mental expressa o nível de evolução em que estagia cada ser, encarregando-se de produzir bem ou mal-estar, saúde ou enfermidade, alegria ou tristeza, sempre resultando da faixa vibratória em que permanece.

Essas condutas esdrúxulas, em que muitos se comprazem, transferem-se de uma para outra existência, graças à *memória* e *consciência* da célula psíquica, que modelará a equivalente orgânica com a carga de energia que conduz. Assim, essa onda influenciará a criatura desde a sua formação genética, alterando-lhe a estrutura de acordo com a qualidade da mensagem de que se faça portadora.

As enfermidades da alma têm caráter psíquico e se encontram nos refolhos da mente desvairada, que se vincula aos estados aberrantes do comportamento, quando poderia ser direcionada para as aspirações do equilíbrio, da razão, da felicidade.

Os sentimentos vis abrem campo à sua instalação, tornando-se de diagnose difícil e tratamento deficiente, improvável de levar a resultados favoráveis à saúde.

Assim, os desvarios do sexo, as viciações de toda natureza, a irascibilidade, os estados pessimistas transformam-se em *agentes vivos* que se encarregam de agir conforme o direcionamento que recebem do dínamo mental gerador do qual procedem.

Da mesma forma sucederia se fossem cultivados outros sentimentos e preservados os valores éticos promotores do ser, que se encarregariam de corresponder à fonte produtora com ondas de bem-estar, de esperança, de harmonia, de felicidade...

Os cromossomos que se implantam na estrutura física mediante o núcleo da célula em que se estabelecem, mantêm-se no Espírito graças ao citoplasma no qual se fixam. São indestrutíveis, enviando suas mensagens através do núcleo genésico, ao tempo em que plasmam as futuras formas vivas em todos os seres, no plano físico ou no espiritual.

Quanto mais a investigação científica penetra na estrutura da forma, melhor verifica ser a mesma uma aglutinação de partículas cada vez menores até *perder-se* na energia que é o ponto de partida para a matéria.

Como o Espírito é *energia pensante, princípio inteligente do Universo*, assimila as vibrações mais sutis e exterioriza-as mediante ondas mentais que se corporificam, tornando-se parte integrante do conjunto em que a vida física se expressa.

Assim sendo, as viciações geradoras de enfermidades da alma – que permanecem como depressão, tormentos íntimos, angústia, insegurança e outras – quando se dá a desencarnação do paciente, prosseguem imantadas aos campos psíquicos nos quais foram geradas, exigindo período correspondente de mudança mental para serem diluídas e desaparecerem.

A ocorrência da morte biológica não faculta a libertação dos hábitos perversos e doentios que foram acalentados durante o largo período da existência física. Da mesma forma que se foram implantando lentamente e gerando condicionamentos que se transformaram em processos perturbadores, a readaptação ao equilíbrio e a reconstrução das estruturas energéticas afetadas exigem tempo correspondente, durante o qual são recompostos os campos vibratórios que foram danificados.

Isso é compreensível, porque as descargas produzidas pelos sentimentos vis produzem toxinas de alto teor hormonal que modificam os códigos do DNA, neles fixando o tipo de onda e a sua procedência perturbadora. À medida que se repetem essas fixações ao longo do tempo, maior se faz o dano causado à estrutura íntima do mesmo, impondo como processo de reparação, desde o Além-túmulo, uma mudança total de comportamento, que se encarrega de constituir-lhe a *dupla hélice*, que são os dois *cordões* entrelaçados e formados por substância química específica.

Assim, as enfermidades da alma se farão recuperar somente quando houver transformação estrutural do pensamento, que se encarregará de construir novos alicerces supersutis, que se consubstanciarão nos futuros códigos de DNA, restabelecendo a *consciência individual* das células e, por fim, integrando a consciência do ser no conjunto da harmonia da Consciência Cósmica.

6
ENFERMIDADES DA ALMA

Sendo o cérebro humano um conjunto de equipamentos muito delicados para os ministérios que lhe dizem respeito, prossegue profundamente ignorado na sua essencialidade, embora as notáveis conquistas alcançadas pelos estudiosos especializados.

A começar pelas recuadas *doutrinas dos humores*, de Galeno, até as demonstrações de Gal com a Frenologia, e mesmo através dos avançados conhecimentos dos neurônios e suas funções, assim como das admiráveis identificações das finalidades dos seus hemisférios esquerdo e direito, um largo pélago já foi conquistado.

Apesar disso, uma infinidade de funções ainda permanece por ser mapeada e estabelecidas as suas relações com a vida pensante, comportamental, emocional e orgânica dos seres humanos.

No que diz respeito à saúde, a sua ação é decisória na criatura, em razão de ser o decodificador do pensamento e direcionador dessa onda extraordinária, que é portadora de energia pouco conhecida, mas definidora de rumos na existência corporal.

Acionado pelo Espírito, que lhe exerce o controle, e que lentamente se vem assenhoreando de todos os recursos que lhe são inerentes, dele dimanam os complexos mecanismos que predispõem ao equilíbrio do indivíduo ou às várias disfunções que o perturbam, refletindo-se como enfermidades do mais variado teor.

Isto porque, através do perispírito que lhe transmite as *necessidades* da evolução, em face das impressões que mantêm gravadas nas suas tênues tecelagens vibratórias, sob a diretriz do Espírito reflete as ondas mentais equivalentes, que se transformam em pensamentos saudáveis ou enfermiços.

Centro de comando de toda a organização somática, o cérebro processa os fenômenos degenerativos assim como as resistências que enfrentam a vida bacteriológica através do sistema imunológico, assimilando ou eliminando os fatores cármicos que procedem dos atos anteriores do ser nas suas reencarnações passadas.

Em razão disso, abre espaço para os tormentos da consciência de culpa, que se lhe insculpe em forma de auto-obsessão, revivendo acontecimentos danosos ou congelantes de vivências anteriores, de que se não pôde o Espírito libertar. Outras vezes, é receptor fácil de ondas-pensamento sonorizadas que o agridem, direcionadas por adversários vigorosos de ambos os planos da vida ou afetos desastrados que transformam a paixão da sensualidade em apelos doentios que terminam por afetar aquele a quem são dirigidos, não possua esse a harmonia interior ou os hábitos saudáveis da oração como dos pensamentos superiores, que o impermeabilizam em relação às contínuas emissões.

Simultaneamente, os estados depressivos que proporcionam pensamentos pessimistas e nefastos, contribuem largamente para o agravamento do transtorno neurótico, como também abrem brechas para a instalação de obsessões danosas, quando não de fenômenos que deterioram a máquina celular, propiciando a instalação de doenças variadas.

Mantendo-se por muito tempo em incubação no organismo, os vírus permanecem inativos até que o seu hospedeiro emita ondas vibratórias que lhes vitalizam a organização, favorecendo-lhes a multiplicação devastadora, quase sem limite.

No caso, por exemplo, do HIV – o vírus da Síndrome de Imunodeficiência Adquirida (SIDA) – que se inoculou no organismo humano através da promiscuidade sexual e hoje constitui ameaça grave à sociedade, em razão de poder ser adquirido mediante transfusões de sangue contaminado, da relação sexual, das picadas em rodas de drogas injetáveis com agulhas infectadas, a mente da vítima exerce um papel preponderante no seu desenvolvimento e destruição. Nesse campo, de forma preponderante, funcionam negativamente os sentimentos de culpa, de cólera, de desamor e de rebeldia que oferecem vitalidade ao vírus diruptivo, que investe contra o sistema de defesas e faculta a instalação das doenças parasitárias que ceifam a vida física das vítimas, que lhe tombam inermes.

O mesmo ocorre com vários tipos de neoplasias malignas, em razão da existência de uma *consciência embrionária* na célula, que é ativada pela consciência espiritual do ser. Quando o indivíduo se torna portador de câncer e a sua conduta mental se altera para pior, em razão dos pensamentos perturbadores e tóxicos, é compreensível que as resistências do *psiquismo* celular sofram derrocada, facilitando a ampliação do campo degenerativo e, por consequência, a instalação de metástases irreversíveis.

Essas ocorrências têm lugar em todos os processos degenerativos do organismo – sejam por contaminação, por traumatismos, por problemas genéticos – e no pensamento se encontram os fatores que podem propiciar a recuperação, pelo menos parcial – quando se tratar de efeito contundente de ações dolosas do passado – ou mesmo recuperação total – mediante a instalação da saúde.

Jesus sempre recomendava àqueles a quem curava que se cuidassem, evitando pecar, atentar contra o equilíbrio das Leis, a fim de que não lhes acontecesse algo pior. Isso porque, a conduta malsã induz o pensamento ao vício do cultivo de ideias perturbadoras que passam a gravitar em torno de quem as emite, contribuindo-lhe para o desequilíbrio físico, psíquico e emocional.

As doenças, sejam quais forem, são estados anômalos do Espírito, que os exterioriza no corpo como ocorrência depuradora que se lhe faz necessária, a fim de equilibrar-se ante a Vida Estuante da qual procede e em que se encontra.

Certamente, talvez sem reconhecer essa realidade do ser preexistente ao berço e sobrevivente ao túmulo, a Organização Mundial de Saúde define que o bem-estar físico, mental e social é um estado saudável.

Nem sempre a ausência de enfermidade pode significar saúde, porquanto, instalada no Espírito em débito, lentamente viaja na direção do corpo em que se revelará, e ao ser identificada pelas sensações de dor que provoca, assim como em razão de outros distúrbios que produz, o indivíduo já era enfermo sem o saber. Enquanto, todavia, mantenha o bem-estar físico, mental e o trânsito social harmônico, poderá considerar-se pessoa com saúde, e mesmo que determinados comportamentos enfermiços se lhe apresentem, mediante o

Dias gloriosos

bom direcionamento da mente poderá prosseguir feliz, sem permitir-se derrapar no desânimo ou nos estados mórbidos que representam enfermidades da alma.

A saúde é, desse modo, o estado natural da vida.

Que se saiba, Jesus jamais enfermou, apresentando-se sempre idealista e equilibrado, mesmo quando açodado por provocações insensatas ou fustigado para os debates inúteis, muito do agrado das personalidades doentias de ontem como de hoje.

Nunca se escusou ao trabalho, ao socorro a todos quantos O buscavam, demonstrando a sua perfeita estabilidade emocional e harmonia física, na condição de Espírito Superior cuja trajetória fez-se toda assinalada pelo amor e pela ação dignificadora.

Nos refolhos do ser espiritual, pois, se encontram as *matrizes* das enfermidades, e aí, portanto, deverão ser tratadas, sem o que podem cessar os efeitos momentaneamente, postergando, porém, o prosseguimento desses sucessos perniciosos e destrutivos.

Nunca será demais expor que o pensamento é o agente catalisador das ocorrências que envolvem o ser humano. Se, por acaso, as ações não encontram o agente mental desencadeador na atualidade, é porque permanece no *ontem* sombrio do viajor espiritual.

Assim sendo, é indispensável que se renovem os pensamentos sempre e sem cessar para melhor, criando-se hábitos saudáveis e dinamizando-se as atividades enriquecedoras de bênçãos, a fim de que o estado de bem-estar permaneça como o divisor dos diferentes estágios da atividade humana.

Naturalmente, muitos episódios de carência na área da saúde se apresentam em todas as vidas, mas isso não constitui motivo de preocupação, antes faz parte do desenvolvimento das funções orgânicas vitais, das autorreparações das peças internas da máquina física, sem qualquer prejuízo para a harmonia geral do corpo e da mente.

7
Recuperação e cura

Indispensável fazer-se a diferença técnica entre os processos de recuperação orgânica e cura. O primeiro diz respeito ao refazimento dos equipamentos celulares que, desajustados, recompõem-se e voltam a funcionar com equilíbrio, nem sempre significando que houve o retorno da saúde; enquanto que o segundo, a cura, se verifica nas engrenagens mais delicadas da constituição celular.

Os mecanismos propiciadores da degenerescência orgânica e da instalação das enfermidades encontram-se no cerne do ser, na sua estrutura energética, de que se encarrega o perispírito na sua condição de organização modeladora da forma, portanto, das necessidades indispensáveis à evolução do ser espiritual.

Graças a esse corpo sutil, constituído de energia específica, as ondas mentais que decorrem da fixação das ideias, mais tarde corporificadas em atos, imprimem fatores que se fazem responsáveis por ocorrências profundas na estrutura molecular do corpo físico.

Iniciando-se, desse modo, o complexo mecanismo da modelagem da organização biológica – as células, sua estruturação, desenvolvimento, multiplicação pela mitose como resultados naturais dos intrincados fenômenos mentais e morais do indivíduo – instalam-se a saúde ou as enfermidades, de acordo com as suas necessidades evolutivas, estabelecendo-se os programas que dizem respeito a cada existência corporal.

O ser humano é, em decorrência, o resultado de tudo aquilo que elabora, cultiva e realiza.

A cura real é uma operação profunda de transformação interior, que ocorre somente quando os fatores propiciadores da injunção danosa se modificam para melhor, dando lugar ao equilíbrio das suas variadas funções no campo da energia.

Imprescindível se faz, nesse caso, que a mente processe todos os conteúdos emocionais e morais de maneira adequada, a fim de que a recuperação da saúde através da terapia utilizada venha a produzir a cura real, evitando as recidivas que decorrem exatamente da falta de composição vibratória dos delicados elementos pelos quais o Espírito interage no corpo.

A recuperação temporária pode ocorrer em razão dos esforços empregados pelo terapeuta, da bem direcionada aplicação dos medicamentos e da momentânea mudança de atitude mental do paciente. Todavia, se não houver uma profunda alteração de comportamento interior – desejo sincero de sarar, cultivo íntimo de bem-estar, propósitos edificantes, renovação dos hábitos mentais – certamente a enfermidade reaparecerá ou se apresentará sob nova diagnose, dando curso ao seu mister de despertá-lo para a sua realidade profunda como ser imortal.

Na grande maioria das pessoas enfermas, está presente o efeito de determinada conduta vivida anteriormente, na qual houve desistência dos referenciais da vida, mesmo que de forma inconsciente, como resultado de ocorrências que poderiam haver sido encaradas de maneira menos pessimista, menos autodestrutiva.

É inevitável a sucessão de desares, de frustrações, de desencantos existenciais, porque a própria experiência humana é rica de manifestações dessa ordem. A atitude, porém, do indivíduo diante delas, é que define o seu futuro, mesmo quando venha a mudar de conduta emocional. Não raro, os danos já estão causados às tecelagens delicadas da aparelhagem geradora das células, na área da energia que elabora as moléculas.

Pode-se observar que, antes do surgimento ou instalação de diversas doenças, o paciente se permitiu desconsertos íntimos, anelou pelo abandono da luta material, sentiu-se esgotado pela sucessão de tormentos e dores morais, permitindo-se o desânimo desgastante.

A consciência da realidade espiritual do ser auxilia-o a esforçar-se para continuar a viver no corpo, quanto lhe esteja destinado, sabendo, não obstante, que desencarnará, como é natural, todavia, utilizando-se de todos os valiosos recursos da própria existência, a fim de torná-la mais digna e apetecida.

Esse comportamento contribui de maneira expressiva para o seu restabelecimento, para a sua recuperação imediata e a sua cura mais tarde, ainda que venha a liberar-se da máquina física no momento próprio.

Por sua vez, o médico deve cuidar de descobrir no doente o ser que se encontra sob a injunção enfermiça, passando a cuidar da pessoa, em vez de apenas dedicar-se a assistir-lhe a deficiência e a oferecer-lhe a terapia correspondente. Tal conduta médica servirá também de contribuição valiosa para a autoconfiança do paciente, para sua identificação como criatura humana e não somente como alguém que ocupa um leito hospitalar ou se encontra sob a problemática do desgaste orgânico onde quer que esteja.

A complexidade do ser humano tem raízes bem fincadas no seu emocional, na forma como se sente cuidado, amado, respeitado, ou, por outro lado, esquecido, desconsiderado, uma pesada carga sobre os ombros alheios.

Experimentando o amor, autoestimula-se e luta por corresponder, desde que possua maturidade psicológica proporcionadora do discernimento lúcido. Quando isso não ocorre, autopune-se, envenenando-se de alguma forma, sem mesmo dar-se conta, ou permanece dominado pelo propósito de desistência da vida física.

Seja qual for, porém, a enfermidade a desgastar o indivíduo, os estímulos verbais que lhe cheguem, as vibrações de simpatia que o visitem, as emoções joviais que experimente tornam-se excelente contributo psicoterapêutico, indispensável mesmo à sua recuperação, à reconquista da saúde, portanto, à cura.

Dentro dessa óptica, poderá ocorrer a alguém indagar a respeito de enfermidades em pessoas portadoras de excelentes virtudes, de conduta irrepreensível, cultivadoras de princípios éticos elevados, o que pareceria desacreditar a proposta autocurativa que decorre da vida moral sadia e da conduta mental elevada.

A condição de humanidade, isto é, de o indivíduo encontrar-se revestido de matéria, já traduz a sua efemeridade, realçando, desse modo, a oportunidade de realizar a experiência autoiluminativa.

O que diferencia um paciente comum de outro portador de expressivos dotes do sentimento e da moral é a maneira como aceita e enfrenta as vicissitudes, as doenças, os desafios existenciais.

Enquanto o sofrimento para os desavisados se constitui num martírio, numa desgraça, para os outros – aqueles que se sustentam na fé religiosa racional, no equilíbrio das emoções – significa recurso de crescimento, instrumento de enriquecimento de valores mais elevados, que estão ao alcance somente dos que se empenham na conquista dos patamares mais nobres da libertação pessoal.

Entre esses vitoriosos sobre os próprios limites, a Humanidade conhece os mártires, os heróis, os santos, os cientistas e os artistas, os filósofos e os construtores do bem, do bom e do belo que viveram nas diferentes épocas da História.

Tornaram-se exemplos de valor moral, de grandeza espiritual e paradigmas que servem de modelo para todos os demais que ainda permanecem nas faixas mais pesadas das aspirações evolutivas.

Acima de todos eles, porém, destaca-se Jesus, que jamais enfermou, todavia, ofereceu-se em sacrifício, sem qualquer débito, a fim de ensinar sublimação e amor a todos os indivíduos, no seu estágio mais elevado que o pensamento pode identificar.

8
Neurônios e Consciência

A visão materialista a respeito do ser humano, com a sua proposta fatalista sobre o determinismo biológico, apresenta, na sua essência, uma expressiva contribuição de estímulo à insensatez, à perversidade e à desestabilização moral, por liberá-lo de qualquer responsabilidade ante os acontecimentos do seu dia a dia.

Guiado pelos automatismos bioquímicos do cérebro, gera o reducionismo que o propele a ser aquilo que se encontra desenhado nos refolhos da sua constituição neuronal.

Os sentimentos de bondade, de beleza, de perfeição, como os de criminalidade, de desconsertos morais, de conduta e de conquistas ou prejuízos, resultariam desse impositivo determinante, do qual ninguém fugiria.

Os fatores psicossociais, socioeducacionais, socioeconômicos poderão contribuir para amenizar circunstâncias, realizações vitais e suas consequências, não, porém, para alterar o curso existencial, em face dessa fatalidade desastrosa da origem.

Tal conceito, além de caótico é, ao mesmo tempo, cômodo, por isentar de esforço e de respeito por si mesmo, todo aquele que se sente impulsionado à conduta agressiva, delinquente ou vulgar que se permite.

O ser neuronal exclusivamente será sempre vítima das disposições dos equipamentos cerebrais que dele fazem um anjo ou um revel, um gênio ou um monstro.

Certamente, não se podem desconsiderar os contributos do bioquimismo cerebral na existência humana. Isso, no entanto, não constitui a causa única de êxito ou de insucesso, de moralidade ou decadência, em razão de se encontrarem esses neurônios estruturados nas mensagens que procedem das tecelagens muito sutis do perispírito, em cujas redes constitutivas estão as suas gêneses – as conquistas e os danos operados pelo Espírito.

Sendo a consciência uma conquista do Espírito e não uma secreção neuronal, tal conhecimento altera o quadro da responsabilidade do ser perante ele próprio, a vida e a Humanidade, porquanto lhe confere o discernimento, a lucidez, a livre opção para agir.

Harmonia ou instabilidade emocional, psíquica e orgânica, procede do ser imortal, cujas realizações imprime na constituição biológica através da reencarnação.

À educação compete o desenvolvimento dos valores em germe sob o apoio dos sentimentos que elaboram a realidade de cada qual.

O fatalismo biológico, desse modo, desenvolve-se nos moldes da energia perispiritual, que faculta à mitose celular reproduzir-se de maneira que ajuste os órgãos ao campo vibratório que lhes é próprio.

Sendo a mente uma faculdade do Espírito e não do cérebro, que tem a função de decodificá-la ajustando-a às possibilidades do seu desenvolvimento intelectual, direciona o processo da reencarnação conforme as realizações em anteriores existências das quais procede.

A mente pensa sem o cérebro e comunica-se após a morte do corpo, enquanto que, danificado ou sem a ação que dela se origina, o mesmo é incapaz de pensar.

Processos bioquímicos são destituídos de discernimento para gerar ideias e selecioná-las, não obstante esses impulsos as possam arquivar nos refolhos das zonas da memória que se liga por mecanismos muito específicos ao Espírito, de onde procedem.

Outrossim, os variantes níveis de consciência jamais resultam da frequência dos *hormônios* neuronais, das cerebrinas ou de outros fatores biológicos, em razão do processo evolutivo que fixa cada período, emulando o ser a conquistas mais expressivas e elevadas.

A máquina, seja qual for, é destituída de espontaneidade, não funcionando sem o auxílio daquele que a elaborou. Por mais complexo e admirável seja o seu mecanismo, o agente dela não depende, embora ela não o dispense.

Os impulsos cerebrais, as sinapses, responsáveis pela preservação da vida orgânica decorrem do agente pensante que a organiza e direciona, mesmo que sem consciência do processo estruturado nas Leis da Vida, que estabeleceram a mecânica da reencarnação.

Sem o ser causal não há funcionamento no conjunto orgânico temporal.

Em face disso, a consciência cresce e desenvolve-se à medida que o Espírito adquire experiências através das reencarnações. Em uma existência apenas torna-se irrealizável o esforço de alcançar os patamares elevados, a perfeita integração com a Consciência Cósmica. Entretanto, degrau a degrau, vivenciando as realizações e incorporando-as ao patrimônio intelecto-moral, momento surge em que o conhecimento discerne e age em consonância com os Divinos Códigos, passando então a viver o nível libertador.

Todas essas conquistas são impressas nos neurônios cerebrais através dos processos eletroquímicos propiciados pelo perispírito e que se manifestam no comportamento do ser humano.

9
Engenharia genética

O desenvolvimento científico, que se vem apresentando nos mais diferentes campos do conhecimento, demonstra que o ser humano progride e diminui a carga dos próprios sofrimentos, que são por ele mesmo programados como resultado da incúria ou da inépcia para lidar com os necessários desafios existenciais.

A busca da superação da dor e de todos os sequazes que a acompanham, tem sido um constante esforço, desde os audaciosos sonhos da conquista da *pedra filosofal*, na Idade Média, até as ambições que se podem transformar em tristes pesadelos, quais as que dizem respeito à incursão ao íntimo do DNA para clonagem de seres como outros tantos delírios antiéticos do momento.

Não obstante, a Divindade tem facultado que as aflições mais rudes, em razão do progresso que a criatura tem conseguido, particularmente na área moral, embora o muito que ainda lhe falta alcançar, venham diminuindo a pouco e pouco, abrindo espaços no seu processo orgânico e psíquico para mais saúde, mais bem-estar e mais alegria de viver.

Desde quando foram descobertos o éter, o clorofórmio e outros fármacos, como também os analgésicos, inúmeros sofrimentos hebetadores foram abrandados expressivamente, assim como o concurso das cirurgias e microcirurgias, que facultaram melhores meios para continuar no corpo sem as injunções penosas e deformadoras que eram habituais.

Certamente, ainda há muito para fazer nessa área, e, por isso mesmo, os avanços tecnológicos não cessam, surgindo cada dia com mais amplos e abençoados recursos terapêuticos.

Na Genética, por exemplo, desde a descoberta dos genes e cromossomos, por G. Mendel, que experimentou reproche e desconsideração dos seus coevos, os logros são catalogados com cuidado, de forma a melhor entender-se os mecanismos da vida nas suas origens, facultando mais amplas possibilidades de auxílio ao ser em formação, como posteriormente às resultantes do seu comportamento.

Graças às quase infinitas possibilidades de penetração nas organizações moleculares através dos microscópios eletrônicos e dos estudos acurados dos genes, os cientistas empenham-se em bem definir as ocorrências da vida física e mental, descobrindo como surgem os fenômenos biológicos, a aparência humana e os seus detalhes, desde a sua configuração até a cor dos olhos, dos cabelos, examinando as estruturas íntimas do DNA e estabelecendo normas para corrigir algumas das anomalias que se apresentem.

O desconhecimento dos mecanismos superiores da Vida, por parte desses nobres pesquisadores, leva alguns a sonhos fantásticos, pelo menos para o momento, tais o de evitar futuras enfermidades degenerativas como o câncer, a AIDS, trabalhando nos códigos genéticos que tragam deficiências propiciatórias ao surgimento ou à instalação dessas doenças.

Dias gloriosos

Ao lado dessa busca respeitável, sem dúvida, mas que foge ao programa da reencarnação de muitos Espíritos endividados que, se liberados da injunção aflitiva, incidirão em outros mecanismos depuradores, apresentam-se alguns entusiastas da Engenharia Genética pensando na possibilidade de trabalhar a complexidade desses *microcomputadores orgânicos*, para alterarem, por exemplo, o sexo do zigoto, ou mais tarde do feto, mesmo que este já se encontre em processo de formação física.

O corpo, sob qualquer condição que se expresse, é resultado da conduta anterior do Espírito, que programa as suas necessidades na forma, a fim de crescer e evoluir, transformando conflitos em paz, débitos em créditos, mazelas em esperanças.

Sem duvidarmos da ingerência do ser humano no projeto, recordaremos que ao abuso do conhecimento em qualquer área sempre correspondem danos equivalentes.

Vejamos, por exemplo, o que vem ocorrendo no Ecossistema. O desrespeito à Natureza, por ignorância inicial e por interesses mesquinhos e argentários no momento, tem produzido diversos efeitos graves para a própria existência humana. A destruição da camada de ozônio vem ampliando o número de portadores de câncer de pele de forma assustadora; o abuso dos adubos químicos no solo tem gerado problemas orgânicos lamentáveis; a aplicação de hormônios nas aves e nos animais de abatimento vem facultando doenças desconhecidas no ser humano; a diminuição do volume de água ameaça regiões onde a vida que se encontra começa a perecer; a presença do mercúrio nos rios enseja-lhes o envenenamento, destruindo a flora e a fauna, bem como as populações ribeirinhas; o aumento das áreas desérticas e o degelo dos polos constituem ameaças que estão preocupando alguns governos e nações do Planeta que temem pelo futuro, momentaneamente sombreado por angústias.

A vida é trabalhada por um princípio de Ética divina, que não pode ser manipulada ao prazer da insensatez, sem que disso não decorram consequências imprevisíveis para os seus infratores.

Fascinados com as possibilidades teóricas que lhes propicia a Engenharia Genética, muitos pesquisadores pensam em burlar as Leis Universais, tornando-se pequenos deuses com possibilidades inimagináveis, o que é, aliás, compreensível, dentro dos seus devaneios materialistas através dos quais pensam em tudo reduzir ao nada do princípio em que se apoiam.

Parece a esses investigadores dos emaranhados segredos da existência planetária, que lhes é facultado *brincar de Deus*, alterando os códigos genéticos e criando aberrações para atendimento do seu luxo criativo. Compreende-se que o ser humano ainda não sabe sequer brincar de homem, desde que, na maioria das vezes, quando o intenta, seu jogo se transforma em conflito de guerra com destruição à vista.

A partir de 1990, vários países, compreendendo as possibilidades imensas que lhes estavam ao alcance, reuniram em um projeto ousado inúmeros cientistas do mundo, objetivando decodificar os quase três bilhões de caracteres que se encontram nas células humanas como decorrência do seu código genético.

Trata-se de um nobre trabalho que tem por meta essencial compreender a estrutura molecular do ser humano, e mesmo curar as enfermidades afligentes que se instalam devorando vidas. Foi denominado *Projeto Genoma Huma-*

no que, entre outras descobertas, confirma que o homem se originou na África de onde emigrou para toda a Terra através dos tempos. Entre outras conquistas maravilhosas, está-se conseguindo demonstrar que não existem raças superiores nem inferiores, já que as variações nos grupos étnicos são infinitamente maiores do que se pensava a princípio, a tal ponto que indivíduos da mesma raça apresentam-se geneticamente muito diferentes entre si. Outrossim, confirmou-se que a epiderme negra tem sua origem em região onde o Sol é muito forte, responsabilizando-se pela pigmentação escura que lhe serve de defesa e proteção, clareando, à medida que diminui o calor, tornando-a branca, a fim de sintetizar a vitamina D, indispensável ao desenvolvimento dos músculos e ossos.

Prosseguindo nessa linha de observações, será inevitável a constatação de que todo esse mecanismo providencial à vida humana organizada tem os seus moldes nos campos energéticos do perispírito, este envoltório delicado do Espírito, que é o agente real da vida.

Simultaneamente, se apresenta como necessidade inadiável a presença de uma ética estribada nos limites que devem ser impostos à pesquisa, a fim de que os governos arbitrários e as pessoas alucinadas não se utilizem do conhecimento genético para experiências macabras, quais aquelas muitas ocorridas em tempos próximos passados nos campos de concentração, onde milhões de vidas pereceram longe de qualquer dignidade ou compaixão, ou mesmo sentimento de humanidade, sob mãos de cientistas loucos que pretendiam criar uma raça superior, na vã presunção de submeter aqueloutras que consideravam inferiores.

A inexorável marcha do tempo, ou passagem do ser pelo rio infinito das horas presentes, vem demonstrando que somente as conquistas que objetivam o bom, o belo, o nobre, o dignificante permanecem, enquanto as utopias da loucura se desfazem como brumas espessas de um momento que o calor do dia termina por diluir.

A Engenharia Genética será, naturalmente, um instrumento para dignificação do ser humano e entendimento da vida nas suas mais profundas expressões, jamais recurso para submetê-lo às paixões e desmandos de outros que dela planejam utilizar-se para tais nefandos fins.

10
CLONAGEM HUMANA

As leis naturais vêm, ao longo dos tempos, aprimorando a forma humana como decorrência do próprio desenvolvimento moral do ser. Lenta, mas precisamente, os caracteres morfológicos e biológicos se apresentam mais harmônicos, obedecendo à planificação dos mentores do orbe terreno, encarregados de trabalhar as organizações físicas e psíquicas da vida nas suas mais variadas apresentações.

Porque os revestimentos do invólucro material se originam na energia pensante, é compreensível que, à medida que se aperfeiçoa a essência, mais sutil se expressa o exterior. Igualmente, as funções biológicas se tornam mais delicadas, superando as injunções a que se encontravam submetidas, quando inicialmente programadas para as contingências ainda violentas do *habitat* terrestre e para as condições alimentares proporcionadoras dos recursos vivenciais no Planeta.

Diante das naturais transformações experimentadas na estrutura da Terra, e da desnecessidade da ingestão de carnes cruas; de excessos gordurosos animais; de abusos na atividade da máquina física, como consequência de menores exigências emocionais e mentais sobre a mesma, as necessidades têm-se transferido mais para o campo das expressões superiores, desse modo alterando-lhe o mecanismo funcional. Por outro lado, dos impulsos fisiológicos na área do sexo, que se perverte, em razão da vulgaridade a que vem sendo submetido, surgem distúrbios no campo comportamental que comprometem o ser, exigindo-lhe reparação oportuna, inevitável.

Isso porque o processo de evolução conduz o indivíduo fisiológico a uma fase de conquista psicológica, na qual a vida psíquica predomina sobre a física, ampliando as aspirações de desenvolvimento no rumo da sua imortalidade.

Como decorrência, os ensaios genéticos para alterar e embelezar a estrutura orgânica não passam de especulação que se baseia, essencialmente, na própria constituição do ser, tentando, porém, copiar sem a correspondência espiritual a esplêndida formação definida pela Divindade.

O fenômeno da clonagem ocorre em a própria Natureza, como, por exemplo, entre os crustáceos decápodes, braquiúros, como os caranguejos e siris que, perdendo uma pata, substituem-na automaticamente, partindo das células que permanecem e repetem o membro amputado. A ocorrência é comum em outros animais como os urodelos e os geconídeos, ou seja, a salamandra e a lagartixa, respectivamente, que também se recompõem quando amputados de uma pata ou da cauda, confirmando a presença do modelo organizador biológico.

Assim, convidada a cooperar com o embelezamento da forma, a Eugenia poderá estabelecer alguns direcionamentos esculturais, agindo nas células, não obstante sem a indispensável contribuição do agente transformador, que é o Espírito, correndo o risco de formar organizações monstruosas com graves prejuízos para o próprio ser humano.

Outro não tem sido o sonho de alguns estudiosos da Engenharia Genética, fascinados pelo aprimoramento da forma, como também por outras ambições imediatistas na ansiosa busca de solução para alguns dos problemas-desafios existenciais, que pensam resolver mediante a clonagem dos próprios indivíduos.

Deslumbrados pelas descobertas do holograma, que sempre repete em qualquer das suas partes o conjunto geral, pensam utilizar do mesmo mecanismo para a criação de seres mediante reprodução assexuada, iniciando o processo através de células que sejam retiradas de outrem, enxertadas eletricamente pelo núcleo de um óvulo não fecundado e transplantadas para organizações vivas que lhes permitam o desenvolvimento.

Experiências supostas exitosas teriam sido realizadas em laboratório com a duplicação de zigotos, e que foram proibidas de ser levadas adiante, qual ocorreu com ovelhas que, no início se tornaram verdadeiras aberrações, até o êxito com Dolly, bem assim com símios...

Mediante esse recurso, seria possível, conforme concluem, reproduzir exércitos insensíveis à dor – porque sem alma–; corpos que ficariam armazenados em depósitos especiais para ser utilizados quando se faça necessário trocar peças orgânicas com aqueles que as tenham gastas pelo fenômeno natural do uso ou do abuso; intelectuais programados exclusivamente para equacionar os muitos complexos e enigmáticos problemas intrincados do Cosmo e da vida; eliminar membros dispensáveis para a funcionalidade existencial, etc., partindo-se sempre de modelos adrede selecionados.

Outrossim, mediante o sêmen de gênios portadores de elevadíssimos coeficientes intelectuais, seriam reproduzidos artistas, cientistas, filósofos, missionários da abnegação; ou de psicopatas compulsivos para a criminalidade seriam extraídos os espermas que se reproduziriam em equivalentes indivíduos programados para a guerra, transformando, esses cientistas, as suas aspirações em pesadelos imprevisíveis, em face das possibilidades de serem elaborados monstros orgânicos, porém jamais portadores de discernimento, de sentimento, de vida mental, escravos de automatismos que não se tornariam realidade, porque impossibilitados de completarem o ciclo de vida.

O desconhecimento casual ou proposital do Espírito, por esses investigadores, e o seu alto índice de presunção intelectual fazem que, desatentos às causalidades divinas, se arvorem em criadores de outros homens que deixariam de acompanhar o processo da Natureza, exclusivamente direcionados pelas suas paixões, na busca de gozos incessantes, fugindo, de toda forma, ao inevitável fenômeno igualmente biológico da morte, do qual ninguém se poderá evadir, por mais demorada a estância no corpo carnal, frágil, em si mesmo, pela própria constituição dos fluidos terrestres, em que se apoia e de que se constitui.

A clonação do ser humano perde a possibilidade de tornar-se realidade, em razão de a vida não se repetir no campo da inteligência sem o seu agente pensante, encarregado de definir os rumos do progresso, partindo da destinação que lhe está reservada pela vida que o apresenta *simples e ignorante*, para ir-se equipando de valores, à medida que se reencarna e desdobra o incomparável potencial nele jacente que aguarda oportunidade.

São respeitáveis e dignas de empenho as investigações do conhecimento científico que visam ao engrandecimento

Dias gloriosos

do ser humano e da vida em si mesma, em todas as suas apresentações no planeta terrestre como fora dele. Cabe, porém, ao cientista, curvar-se ante a grandeza do Cosmo e interrogar-se até onde têm lugar os direitos que se atribui, especialmente no que diz respeito ao que pretende *corrigir* no conjunto ou em parte, a Lei Natural.

São incontestáveis os logros da Medicina, melhorando a vida física e mental do homem, prolongando-lhe a existência no corpo, que se vem tornando mais resistente às invasões microbianas, bacteriológicas e viróticas; corrigindo, isto sim, algumas anomalias graças à contribuição dos hormônios e das intervenções cirúrgicas; amenizando a dor que deixa de apresentar-se asselvajada, tornando-a mais compatível com as forças morais dos seres; o entendimento dos problemas e conflitos comportamentais; a insanidade mental através de métodos mais humanos e condicentes com o seu estágio de dignidade.

O mesmo ocorre com outras doutrinas científicas que têm modificado a face do Planeta, transformando pântanos em jardins, desertos em granjas produtoras de alimentos, ligando abismos, e enriquecendo-o de luz, facilidade de comunicação, de velocidade, de conforto e de esperança que se direcionam em benefício dos indivíduos, que se encontram em crescimento por meio da reencarnação.

Hão custado muitos sacrifícios todos esses empenhos e conquistas que, no entanto, alguns títeres do progresso, diversos administradores arbitrários de várias nações, porque ainda estejam estagiando nas fases primárias do seu desenvolvimento moral, têm convertido em instrumento para concretizar suas mórbidas paixões, particularmente quando lutando pela vã conquista de raças que se supõem superiores, de povos dominadores que fomentam guerras e escravidão dos outros, utilizando-se dos incomparáveis sucessos que promovem o progresso, mas que, em suas mãos, se transformam em instrumentos para a hediondez e o crime.

As ameaças periódicas de utilização de armas bacteriológicas e de gases letais pairam terrivelmente sobre a sociedade terrestre, ao lado de equipamentos nucleares estocados com capacidade de destruição do Planeta várias vezes, reduzindo-o a poeira estelar, em razão de ainda não haver sido possível estabelecer-se uma ética compatível com o momento dos triunfos de laboratório, e que seja capaz de coibir os abusos, de limitar as experiências hediondas quando utilizando de animais e de seres humanos, por cujos meios são perseguidos os interesses subalternos e malsãos.

Mesmo que essa ética seja estabelecida, surge o grande problema de como fazê-la ser respeitada, considerando-se que os sicários da Humanidade jamais se submeteram a qualquer controle de outros países, ou mesmo no presente, dos Organismos Internacionais, tanto quanto dos seus tratados de paz firmados entre sorrisos e abraços e poucas vezes tidos em conta.

Esse despautério enlouquece muitos apaixonados pela Genética, estimulando-os a que deem curso às suas ambições doentias, programando uma futura sociedade de clones, de espécimes saudáveis na estrutura, no entanto, sem moral, sem vida emocional, trabalhados para o prazer, como se fosse esse o único móvel da existência planetária sem o significado psicológico do ser.

Muito recentemente, o nazismo trabalhou pela eliminação dos deficientes na sua raça e destruiu outras, perseguindo a ambição desvairada de dominação total do Planeta, sem haver pensado na morte dos seus aficionados que, não obstante, os arrebatou a todos que trabalharam pelo sonho de um dia, ficando a lição severa de que a loucura, por mais duradoura, termina sempre ceifando a vida daquele mesmo que lhe concede espaço para vicejar.

Chegará o momento, e o aguardamos em breve, em que os governos da Terra estabelecerão limites para as experiências macabras e as investigações atentatórias à vida, criando uma bioética para a Genética, assim como para as ciências em geral, construindo uma filosofia existencial de respeito à Natureza e aos seres que a habitam, prelúdio, que será, de uma Nova Era de amor e de paz para todos, anunciada por Jesus desde os dias do seu ministério entre as criaturas da Terra.

11
Transplantes de Órgãos

O pavor ao inevitável fenômeno da morte vem conduzindo o ser humano a mecanismos – audaciosos uns e lamentáveis outros – mediante os quais pensa que seria possível burlar a fatalidade biológica, seja pelos recursos da Ciência, trabalhando pela longevidade das células e automática reparação dos órgãos danificados, ou mediante fugas espetaculares que se dão pelos transtornos neuróticos.

Atemorizado, sob a carga de enfermidades depurativas, recorre à eutanásia, acreditando evitar as dores, ou ao suicídio, na vã tentativa do absurdo mergulho no *rio do esquecimento* absoluto.

Normalmente, iludindo-se quanto à transitoriedade do arquipélago molecular no qual habita, aliena-se dessa realidade, anestesiando os centros do discernimento e supondo-se livre da futura disjunção orgânica.

Felizmente, a Medicina concluiu que a morte real é a que decorre da inutilização do tronco encefálico e não mais apenas a aparente dos neurônios cerebrais.

Portadores de *morte cerebral*, vitalizados através de aparelhos, têm despertado periodicamente, demonstrando que havia irrigação de oxigênio mantenedor dos neurônios, o que lhes permitiu a reconquista da consciência e das funções fisiológicas aparentemente desorganizadas.

Essa salutar ocorrência ensejou estudo e avaliação mais profundos da vida biológica e da sua cessação, oferecendo a possibilidade de novas conclusões na área, que contribuíram para mais segura definição da ocorrência da morte.

Enquanto o Espírito se encontre vinculado ao corpo a vida nele se manifestará, mesmo que sob a insuficiência funcional de muitos dos seus órgãos.

A interrupção dos batimentos cardíacos e a consequente destruição do tronco encefálico é que caracterizarão a separação da alma do seu invólucro material, ocorrência, portanto, propiciatória da morte desse último.

Graças às incontáveis conquistas do conhecimento e do sentimento, o homem e a mulher já merecem ter as suas dores diminuídas, realizando o processo de evolução mediante os inestimáveis recursos do amor, que é a fonte geradora de vida e de felicidade.

A inevitabilidade do progresso tem auxiliado os seres a encontrar os meios mais eficazes para alcançar essa meta anelada, que é a libertação do sofrimento.

Por esse empenho, à medida que a Ciência e a Tecnologia ampliaram o número de instrumentos para melhores maneiras de viver, também facultaram a diminuição de muitos sofrimentos, a superação de alguns, a anulação de terríveis flagelos que periodicamente dizimavam milhões de vidas. Ao mesmo tempo, essas conquistas ampliaram o período de existência útil no Planeta, facultando aos seres humanos mais valiosas oportunidades para usarem com sabedoria a reencarnação.

Banida lentamente a dor física e atenuadas as aflições morais na Terra, cabe aos seus habitantes realizar profundas mudanças de comportamento ético e espiritual, a fim de que a sua conduta não dê surgimento a novos comprometimentos, a diferentes processos depurativos, a doenças desconhecidas e devastadoras conforme ainda vem acontecendo.

Não raro, quando são vencidas etapas físicas e não se dá a transformação moral efetiva do ser, permanecem sequelas que contribuem para o surgimento de novos processos de advertência pela dor, recurso natural da Vida para promover a evolução, que é inestancável.

Desse modo, o progresso científico alcançou a técnica dos transplantes de órgãos, facultando a muitos enfermos a possibilidade de se recuperarem das doenças e do desgaste a que se encontram submetidos.

Verdadeira bênção, o transplante de órgãos concede oportunidade de prosseguimento da existência física, na condição de *moratória*, através da qual o Espírito continua o périplo orgânico. Afinal, a vida no corpo é meio para a plenitude, que é a vida em si mesma, estuante e real.

Aquele que oferece conscientemente os órgãos que podem ser úteis, tendo em mente o benefício que podem proporcionar aos seus irmãos enfermos, realiza uma doação de alto teor moral, verdadeira caridade no seu sentido profundo, contribuindo em favor da diminuição das dores na Terra.

O receptor, por sua vez, atenuadas as causas cármicas do padecimento que sofre, já merece essa concessão divina, tendo ampliada a existência física, a fim de reparar os males causados pelo bem que realize, ao mesmo tempo melhorando as condições de vida no Planeta.

As ocorrências normais de insucesso estão perfeitamente desenhadas no mapa das ocorrências da *Lei de Causa e Efeito*, moral, que ainda predomina no paciente, impedindo-lhe a atual recuperação, o que não significa impropriedade ou desqualificação da técnica.

Pode suceder alguma interferência obsessiva na terapia do transplante, por parte do doador rebelde, que não foi consultado antes, e ainda permanece vinculado aos despojos materiais. Esse processo, porém, somente se dará se houver permanência de débito por parte do receptor e ocorrer uma sintonia vibratória entre ambos, como consequência da situação psíquica inferior predominante no caráter dos mesmos.

A rejeição, portanto, igualmente ocorre como fator de demérito do beneficiário, cujo perispírito não reestruturou o órgão recebido, adaptando-o à sua necessidade e gerando substâncias reativas, que expulsaram o *corpo estranho* aos seus equipamentos.

Ninguém se encontra no mundo condenado ao sofrimento sem remissão. O amor é sempre o bálsamo luarizante que está ao alcance de todo aquele que se disponha a usá-lo. Mesmo os seres mais empedernidos, quando alteram a disposição mental e a emocional, procurando romper os fortes grilhões da impiedade ou do vício, de imediato se beneficiam com as vibrações do bem que está sempre ao seu alcance.

A Divindade, por sua vez, acompanhando o esforço humano pelo progresso e pela libertação das dores, faz que, periodicamente, mergulhem nas pesadas camadas da psicosfera terrestre os missionários do amor, da sabedoria, da ciência e das artes, para que sejam melhoradas as condições ambientais e evolutivas dos seus habitantes.

Nesse investimento do Divino Amor, cabe aos homens observar os requisitos básicos para tornar dignos os seus labores, credores de respeito, evitando descambar para os interesses mesquinhos e vergonhosos a que são conduzidos por pessoas inescrupulosas e inconsequentes.

A venda indiscriminada de órgãos é um desses descaminhos, que abre portas a um comércio ignominioso, gerador de crimes hediondos, que devem estarrecer a Humanidade, levando-a a abominá-los.

Tal comportamento favorece os ricos e anula os pobres, discrimina as criaturas, elegendo-as pelos valores materiais em detrimento do significado das suas existências.

Ao mesmo tempo, enseja a retirada apressada de órgãos antes da ocorrência da morte real – a do tronco encefálico – sob falsas justificativas em torno da cerebral... Ademais, faculta que quadrilhas criminosas sequestrem crianças ou mendigos sem identidade, tomando-lhes os órgãos para o nefando comércio. Esse recurso poderá responder por terríveis obsessões em que o ser lesionado, que não foi consultado para o transplante, cobre o órgão que lhe foi tomado sem anuência ou sofra as excruciantes dores da cirurgia a que foi submetido, após o homicídio de que foi vítima e nada pôde fazer para evitá-lo.

Torna-se urgente uma bioética para os transplantes de órgãos e uma consciente preparação dos doadores que devem ser voluntários e não compulsórios, ficando à mercê de legisladores desinteressados dos valores reais e apenas preocupados com as suas próprias conquistas, longe do conhecimento espiritual que é a base da vida.

O corpo é patrimônio que Deus elaborou para servir de veículo ao Espírito nas suas multifárias reencarnações, saindo da treva para a conquista da luz. Merecedor de todo respeito, toda dignidade, é instrumento-luz que a ignorância ou a persistência no mal transforma em sombras ou depósito de miasmas para a sua própria aflição.

Todo investimento de amor a ele direcionado enriquece de sutis vibrações os seus equipamentos que se sutilizam e se tornam mais energizados, desenvolvendo forças que o equilibram e revigoram.

Quando o ser está consciente da sua imortalidade e compreende quão valiosa para outras vidas será a doação dos órgãos que lhe têm sido úteis e preciosos, caminhando para a dissolução, podendo, no entanto, salvar outras vidas, diminuir as angústias do seu próximo, a mesma se lhe apresenta como forma dignificante de crescimento íntimo.

Olhos que viram belezas e irão arrancar das trevas pessoas que tateiam sem luz; rins que filtraram o sangue da vida e poderão libertar das pesadas e perigosas injunções das máquinas de hemodiálise; pele saudável que substituirá tecidos queimados ou dilacerados rudemente... Coração, pulmão, fígado, glândulas que a Ciência poderá utilizar em momento próprio, serão incomuns benefícios para a Humanidade, desde que haja ocorrido a morte real dos doadores.

Os avanços científicos alcançarão esse patamar e outros ainda mais desafiadores, como já ocorre com as microcirurgias cerebrais e outras equivalentes, prolongando a existência física para mais rápido processo de evolução espiritual do ser humano.

Transferido o órgão para outro corpo, automaticamente o perispírito do encarnado passa a influenciá-lo, *moldando-o* às suas necessidades, o que exigirá do paciente beneficiado a urgente transformação moral para melhor, a fim de que o seu mapa de provações seja também modificado pela sua renovação interior, gerando novas causas desencadeadoras para a felicidade que busca e talvez ainda não mereça.

O Espírito, à medida que pensa e age, está sempre alterando a existência corporal, porque, gerando causas, experimentará os inevitáveis efeitos que virão oportunamente, exigindo cumprimento.

O transplante de órgãos direcionado à dignificação da vida humana e realizado sob os auspícios de uma bioética trabalhada na Lei do Amor representa grandioso passo da Humanidade que ruma para o futuro melhor, apesar de a morte, que a todos aguarda, continuar inevitável como processo de liberação do corpo, para a existência espiritual, esta sim, a verdadeira e eterna.

12
CRIOGENIA DE SERES HUMANOS

O alto nível de desenvolvimento tecnológico conseguido pelo ser humano ainda não o convenceu da fragilidade orgânica nem da temporalidade do corpo de que se utiliza no trânsito carnal.

Ambicionando a vida eterna da aparelhagem física, teima em não se dar conta de que a mesma assim o é, porém, em outros níveis, naqueles que são causais, na sua intimidade, que é o Eu superior, o Espírito, esse viajante de mil experiências.

Desejando vencer a morte, engendra mecanismos de permanência na matéria, procurando driblar os fatores degenerativos a que se vincula, como decorrência natural da sua própria constituição. Embora reconheça a inevitabilidade da desordem advinda pelo fenômeno entrópico decorrente do desgaste de energia, que reverte as organizações materiais ao caos, à medida que se movimentam, prossegue iludindo-se quanto à permanência indefinida no universo celular.

A fim de manter-se no invólucro carnal, e sem qualquer padecimento, investe na conquista da eterna fonte da juventude, ou da preservação do corpo, ou da sua perpetuação, sonhando com o momento em que conseguirá o intento.

Uma visão espiritual da realidade modifica totalmente esse comportamento intelectual, demonstrando-lhe que o homem é um ser fadado à eternidade, à permanente juventude, ao bem-estar, à saúde. Isso, no entanto, em outra dimensão, desde que o orbe terráqueo, em razão da sua própria composição, se encontra em permanente alteração, sutilizando-se e modificando a estrutura que lhe é peculiar. Não se trata de um paraíso, é certo, tampouco de um *vale de lágrimas*, conforme a assertiva das velhas doutrinas da fé ortodoxa, mas de uma escola que também progride, na razão direta que os seus educandos se melhoram e passam a exigir recursos mais específicos que contribuam para o seu desenvolvimento. Esse dia chegará, sem dúvida, mesmo assim, fora da organização material, que é sempre temporária, recurso da vida para alcançar a finalidade essencial, o estado de plenitude.

A saúde, portanto, assim como a doença constituem o binômio do mecanismo existencial, que trabalha em harmonia pelo processo de transformação e aprimoramento dos valores espirituais que são a essencialidade do próprio ser humano.

É natural, pois, que periodicamente a Humanidade seja assolada por enfermidades desafiadoras, que lhe constituem o fardo a conduzir e o estímulo para buscar novos recursos que contribuam para a sua eliminação, ou pelo menos para a diminuição de suas penas.

Justos, desse modo, a pesquisa constante, o trabalho de renovação dos padrões existenciais, o esforço pela mudança de conceitos e de comportamentos, que possam, de alguma forma, contribuir para uma estância harmoniosa enquanto na Terra. Pretender, entretanto, tornar essa conquista um meio de eliminar as doenças, por enquanto é inútil, assim como impedir a morte biológica é inteiramente impossível.

O envelhecimento e a decadência das células com a sua consequente decomposição e substituição por outras é impositivo inevitável a que está sujeito o corpo, até o momento em que essa renovação se torna irrealizável, e, por efeito, advém a desestruturação do invólucro geral. Pode-se postergar um pouco esse instante, mediante salutar conduta moral e mental, atividades de equilíbrio íntimo, nunca, porém, impedir o processo irreversível do nascer-morrer nos padrões orgânicos.

No momento em que os cientistas estudam a possibilidade de aplicar a criogenia nos indivíduos portadores de enfermidades para as quais ainda não se conhecem recursos que possam atenuar-lhes os sofrimentos nem impedir-lhes a morte, o esforço, mesmo respeitável, carece de qualquer possibilidade de êxito.

A morte do ser humano não é propiciada somente pela falta de resistência do organismo para mantê-lo vivo, ou resultado da ruptura dos equipamentos em processos degenerativos ou violentamente arrebatados, mas também, pelo deslindamento do Espírito dos seus núcleos de preservação da energia que mantém a matéria ou da sua expulsão por circunstância violenta e traumática. Sucedendo essa quebra de liames, é totalmente impossível o restabelecimento da vida, porque logo se inicia o processo de desorganização celular e, sem esse agente vital, a massa se decompõe e se transforma de imediato, dando curso à sua fatalidade biológica.

Ao aplicar, por outro lado, o recurso criogênico, para impedir que a morte surpreenda um paciente cuja enfermidade ainda não pode ser sanada, o seu agente realizará um ato de imprevisíveis consequências, que merecem ser examinadas, pelo menos rapidamente.

Não existe nenhuma garantia que faculte o despertamento do enfermo, na época em que a Ciência se encontraria em condições de eliminar-lhe a doença ou diminuir-lhe as dores. Depois, não há comprovação de que o congelamento do ser humano por largo tempo tenha lugar sem a ocorrência de danos cerebrais ou equivalentes em outros órgãos.

Além disso, a presença periódica das guerras que têm dizimado multidões através dos séculos se torna ameaça permanente para qualquer empreendimento de longo curso na humanidade, conforme se vem dando com frequência.

Ainda teríamos o *fantasma* do surgimento de novas doenças, qual tem sucedido ao longo da História; quando eliminada uma enfermidade cruel, outra lhe toma o lugar, em razão de o ser humano ainda não ter aprendido a superar os fatores que causam os transtornos em sua saúde física e mental.

Acrescentamos, também, os quesitos psicológicos de vária expressão, como, por exemplo: – Que sentido terá a existência de um ser que se encontra totalmente estranho em um grupo social com o qual não tem qualquer vínculo? – Como enfrentar-se, detectando-se egoísta, tendo fugido da realidade para conseguir um triunfo que o deixa de mãos vazias e de sentimentos estiolados? – Como contornar emocionalmente a ausência dos afetos, agora em outra dimensão? – De que forma atender a conhecimentos inteiramente novos e a costumes totalmente diferentes dos vivenciados anteriormente? – Como adaptar-se a esse mundo novo, que terá sofrido inumeráveis alterações desde o momento em que se permitiu entorpecer?

Dias gloriosos

Outras interrogações podem ser apresentadas sem qualquer tipo de resposta tranquilizadora, como por exemplo: – De que forma administrar os conflitos atuais em outro estado de emoção, em circunstâncias totalmente imprevisíveis? – De que maneira se encontrará o próprio sistema imunológico ante as doenças que estarão no contexto da sociedade da época?

Além de muitas perguntas intrigantes, teríamos a possibilidade da morte inevitável por intermédio de acidentes, de choques emocionais e traumáticos, de angústias inesperadas ou mesmo de enfermidades que estarão grassando nessa oportunidade.

A ausência da visão de Deus no coração e no cérebro dos investigadores dos fenômenos da vida é que os leva à falsa crença de que o corpo e seus equipamentos são materiais únicos que propiciam a existência, portanto, devendo ser utilizados de forma hedonista com objetivos sensualistas, imediatistas...

À criogenia, no entanto, está reservado um papel de relevante importância no campo da preservação dos produtos e, inclusive, de peças orgânicas para futuros transplantes, de banco de sêmen para maternidades responsáveis que os fatores orgânicos não permitiram que se concretizassem pelos meios convencionais, e cujos débitos geradores da impossibilidade foram remanejados pela Divina Misericórdia, facultando pelo amor a realização sublime do objetivo almejado.

Ninguém pode, portanto, criar meios que impossibilitem a morte do ser humano ou enganem os veículos de resgate dos graves erros cometidos nas reencarnações passadas, porque é Lei da Vida, que o infrator sempre estará acompanhado da sombra do erro praticado até o momento em que o amor lhe dilua a gravidade do compromisso, abrindo-lhe portas de acesso à autorrealização, à harmonização da consciência, ao prosseguimento pela senda do progresso.

13
MÉTODOS EUGÊNICOS PERTURBADORES

Segundo os dicionaristas, a *Eugenia é a ciência que estuda as condições mais propícias à reprodução e melhoramento da raça humana*.

Dois métodos podem ser utilizados para que se consiga esse objetivo, a saber: a) impedimento da reprodução de genes que apresentem degenerescências – método de eugenia negativa; b) estimulação da reprodução de genes saudáveis, que podem construir organismos superiores – método de eugenia positiva.

O conhecimento dessas possibilidades e a sua utilização são considerados recursos valiosos para que se produzam indivíduos sadios, com formação biológica perfeita, ao mesmo tempo dando surgimento a uma raça portadora de harmonia e beleza, sempre factível de ser aprimorada.

O *sonho fantástico* contribuiria para *construir* em laboratório seres ideais, resistentes às enfermidades, à velhice e à deterioração, qual se estivesse trabalhando um amontoado de células que obedeceriam ao capricho do seu novo arquiteto, atendendo a todas as suas paixões, na busca desenfreada de estesia e perfeição, porém nos moldes mentais dos seus *criadores*.

A vida e a raça humana passariam a ser brinquedo de pesquisa, na qual, mexendo-se em algumas moléculas do DNA, se conseguiria transformar o fenômeno do ser existencial em mero trabalho tecnológico de engenharia genética.

O conceito de perfeição, no entanto, varia de nível de apreciação em todos quantos com ele se envolvem. Aquilo que para alguns se apresenta caótico, feio ou deficiente, para outros assume caráter de harmonia e estética, o que iria perturbar muito a eleição do biótipo ideal.

Na variedade das raças, a diferença de caracteres e de constituição morfológica do ser apresenta padrões especiais de beleza, em razão da eleição emocional de quantos lhes pertencem ao grupo étnico.

A seleção de uma forma que se encarregasse de apresentar o padrão, conforme sonhou o nazismo, através da raça pura do arianismo, caiu por terra, em razão da mesma não apresentar qualquer tipo de superioridade em confronto com as demais, culminando com a derrocada do III Reich.

A aparência estoica e belicosa, o aprumo e a altivez são mais consequências do orgulho do Espírito, que propriamente da constituição genética da raça ariana, porquanto, se de um lado eram encontrados indivíduos com essa aparência, não poucos existiam que carregavam anomalias e deficiências, fragilidade do corpo e distúrbios da mente, idênticos a outros tantos pertencentes aos diferentes ramos raciais.

A eugenia, nesse caso, era convocada de forma nefasta, para eliminar os fracos e preservar os fortes. Porque não conseguiam atingir o ser integral – o Espírito – mesmo aqueles indivíduos portadores de força física e de elegância nos padrões europeus, sucumbiam ao desespero, à angústia, à soledade, aos conflitos psicológicos, cujas raízes se encontram na consciência, na anterioridade da existência corporal.

O corpo sempre refletirá a conquista ou o prejuízo dos valores morais de que cada ser é credor.

Plasmado pelo perispírito, que obedece aos impositivos da evolução do Espírito, somente agindo-se na causa, é que serão conseguidos resultados efetivos, e isso jamais se logrará em laboratório.

Podem ter êxito entre vegetais e animais outros as experiências para o aprimoramento da qualidade, aplicando-se métodos eugênicos de preservação e mudança de forma, de resistência a pragas, de desenvolvimento muscular e aumento de peso, ora muito em voga, mas não se podem prever nem aquilatar os prejuízos que a indiscriminada utilização de hormônios, principalmente nas aves, mas também em outros animais, vem trazendo à saúde humana.

A desordenada busca de melhoramento dos seres vivos para o mercado de ofertas tem apresentado problemas que permanecem desconhecidos do grande público, mas que terminam afetando o comportamento e a harmonia global do organismo.

Sob outro ângulo, a eugenia pretende orientar os casais, para que, no caso de problemas genéticos, evitem filhos, a fim de não virem a procriar degenerados em futuras descendências.

Pretendem os eugenistas detectar fetos com anomalias, propondo a interrupção da gravidez, de forma a impedir o nascimento de enfermos e deficientes de qualquer natureza, em tentativas grotescas de burlar as Divinas Leis.

Outras propostas são direcionadas de forma castradora, tais a sugestão para que sejam evitadas uniões entre pessoas da mesma família, incluindo primos, em face das possibilidades de produzirem portadores de graves enfermidades genéticas, como também as mulheres cuidarem de não procriar com mais de 35 anos, e particularmente com mais de 40, já que, nessa fase, há volumosas possibilidades de gerarem filhos com distúrbios graves, entre os quais a síndrome de Down ou mongolismo.

Por outro lado, as conquistas genéticas estão facultando que mulheres com mais de 50 anos, muitas delas avós, concebam filhos em perfeito estado de saúde, o que vem sucedendo com relativo êxito.

Dentro dessa óptica, a eugenia daria surgimento a uma raça ideal, a seres especialmente perfeitos, como se fosse possível evitar o que está programado em razão da Lei de Causa e Efeito.

Fosse possível o melhoramento da constituição genética, e as ocorrências de dificuldades estabelecidas, porque necessárias para o Espírito, se manifestariam posteriormente como acidentes, doenças imprevistas, marcando os que se encontram em débito e não podem fugir de si mesmos nem da Justiça equânime. Somente, portanto, através da existência digna é que o Espírito promoverá o corpo são, como efeito natural das conquistas realizadas, dando origem a raças, nas quais não mais haja predomínio de anomalias ou deficiências, que são mecanismos de recuperação e aprimoramento moral.

A eugenia verdadeira, a única portadora de meios para interferir nas moléculas do DNA, dando surgimento a corpos harmônicos e belos, é a que procede do Espírito eterno, o legítimo construtor do veículo pelo qual se manifesta na

Terra, realizando um melhor processo para a reencarnação de forma legal e moral.

Assim, mesmo que as leis humanas venham a adotar os processos criminosos de propostas eugênicas com objetivo de eliminação dos fracos e deficientes, em nome de uma raça superior, evitando que se multipliquem, a humanidade enfrentará um terrível problema ético, cujo ônus lhe pesará sobre os ombros de maneira lamentável.

A superioridade, que se destaca na criatura humana e que tem significado, não é aquela que provém da raça, da condição social, portanto, da sua origem física, mas sim, a que decorre dos valores morais, das conquistas intelectuais aplicadas na construção do bem e do progresso humano, o que constituiria uma verdadeira aristocracia, porém, de natureza espiritual.

O aperfeiçoamento das raças como o do corpo humano advirá como consequência da Lei do Progresso, conforme já vem sucedendo desde o surgimento dos mesmos, que apresentam, através dos milênios, alterações bem significativas para melhor tanto na formação como na resistência a doenças e a processos degenerativos. Essa ocorrência resulta da seleção natural, o que não deixa de ser fruto do desenvolvimento moral do próprio Espírito nas sucessivas reencarnações, modelando a roupagem mais equilibrada e favorável ao seu crescimento interior.

Sem que se pretenda obstacularizar o progresso da investigação nos mais diferentes campos de estudo e desenvolvimento, é conveniente jamais esquecer que a Ciência sem Deus brutaliza o homem e o ensoberbece, alucinando-o e, às vezes, envilecendo-o.

A compreensão da ordem e do equilíbrio que vigem no Cosmo, tendo como base o Criador, torna possível o trabalho científico digno e ético, auxiliando o ser humano no seu desenvolvimento intelectual, moral e espiritual, na busca da sua plena realização como cooperador da Obra Divina.

14
Mudança de sexo

A constituição do ser orgânico é decorrência das suas necessidades evolutivas, que são trabalhadas pelo perispírito na condição de modelo organizador biológico.

Trazendo impressos os mecanismos da evolução nos tecidos sutis da sua estrutura íntima, plasma, a partir do momento da concepção, o corpo no qual o Espírito se movimentará durante a vilegiatura humana, a fim de aprimorar o caráter e resgatar os compromissos negativos que ficaram na retaguarda.

Trabalhando nos códigos genéticos do DNA, aciona as moléculas fornecedoras das células que programarão a forma, enquanto o Espírito se encarrega de produzir os fenômenos emocionais e as faculdades psíquicas.

Assim sendo, é herdeiro de si mesmo, promovendo os meios de crescer interiormente através das experiências que ocorram numa como noutra polaridade sexual.

Em se considerando as graves finalidades do aparelho genésico, na sua função reprodutora, ele é repositório de hormônios especiais, que trabalham conjuntamente com os outros das demais glândulas de secreção endócrina, de forma que o equilíbrio físico, emocional e intelectual se expresse naturalmente, sem traumas ou disfunções que decorrem dos problemas que ficaram por solucionar.

A libido impulsiona o indivíduo para a realização criativa e produtiva, quando se expressa com moderação, sendo natural decorrência ancestral do instinto por cuja faixa o ser transitou durante largo período e cujas marcas permanecem dominadoras.

A qualquer distonia de sua parte, logo surgem distúrbios neuróticos e comportamentais que afetam perturbadoramente o processo reencarnatório, a ela fortemente vinculados.

Essa poderosa energia motora exige cuidadosa canalização, a fim de produzir fenômenos harmônicos, que estimulem à ordem, à realização dignificadora, porquanto, assim não sendo, a sua força irrompe como caudal desordenado que passa deixando escombros.

O uso adequado da função sexual – sintonia entre a psicologia e a fisiologia da polaridade – proporciona bem-estar e facilita o crescimento espiritual, sem gerar amarras com a retaguarda do instinto, assim como, também com as *entidades* perversas e viciadas que a ela se vinculam.

A sua abstinência, quando a energia que exterioriza é trabalhada e transformada em força inspirativa e atuante pelos ideais de beleza, de cultura, de sacrifício pessoal, igualmente propicia equilíbrio e empatia, já que o importante é o direcionamento dos seus elementos psíquicos, que têm de ser movimentados incessantemente, porquanto para isso são produzidos.

Em decorrência, é de fundamental importância que o Espírito reencarnado se sinta perfeitamente identificado com a sua anatomia sexual, mantendo os estímulos psicológicos em consonância com a mesma.

Quando a ocorrência é diversa – função emocional diferente da forma física – encontra-se em reajustamento, que deverá ser disciplinado, evitando a permissão do uso indevido, que proporciona agravantes mais severos para o futuro.

Eis por que é de vital importância o respeito que os pais devem manter em relação ao sexo dos seus filhos, evitando *interferir* psiquicamente no processo da sua formação, quando o zigoto começa a definir a futura forma consoante o mapa cármico do reencarnante.

É natural que se tenha opção por essa ou aquela expressão sexual para o ser amado; no entanto, não deve ser tão preponderante que, em se apresentando diferente do que se deseja, o amor sofra efeitos negativos. Outrossim, a invigilância que pode originar-se na genitora optando e impondo o seu desejo sobre o ser em desenvolvimento, poderá contribuir para alterar a constituição molecular, atendendo-lhe psicocineticamente a aspiração. Não obstante, porque fora da programação evolutiva do Espírito, essa *mudança* pode trazer-lhe prejuízos emocionais e comportamentais.

A estrutura genética em elaboração do corpo é constituída por elementos poderosos, embora sutis, que atendem aos planos energéticos que agem sobre ela. Assim, a mente do reencarnante – conscientemente ou não – como a dos seus genitores, interfere expressivamente na construção da sua anatomia, agindo diretamente nos genes e seus cromossomos, se a vontade atuante se fizer forte e constante. Essa ação psíquica pode alterar na estrutura do DNA os pares de purinas e pirimidinas, modificando as disposições estabelecidas e em formação. Tal ocorrência não é rara, antes é muito mais numerosa do que se tem detectado, particularmente nas vezes em que o Espírito imprime sinais que traz de existências transatas — suicídios, homicídios, acidentes — ou de condutas que se fixaram profundamente no cerne do ser, ressurgindo agora na forma nova.

Da mesma maneira, filhos com anatomia diferente da herança espiritual — em alguns casos como efeito da preferência dos seus pais, especialmente da mãe que a *trabalhou* psiquicamente mantendo a aspiração exagerada do que cultivou durante a gestação — apresentam transtornos de expressão e comportamento que devem ser corrigidos na infância, a fim de se não tornarem afligentes no período da adolescência, quando da definição dos órgãos e caracteres sexuais secundários.

A orientação cuidadosa e enriquecida de amor reestrutura o binômio forma — emoção, facultando a existência saudável, sem angústias nem desassossegos.

De maneira mais grave poderá acontecer quando os estudiosos da Engenharia Genética, nos seus ensaios ambiciosos, pretendendo interferir nas vidas, reprogramarem, através dos códigos genéticos do DNA, os sexos já em vias de formação, para que se alterem, mudando a anatomia e a função.

Nesses casos, permanecendo a programação espiritual, que passaria a sofrer ingerência externa, surgirão indivíduos com complexos problemas de conduta nessa área, desde que fortemente necessitados da experiência na polaridade primitiva que foi modificada. Encontrando-se noutra, que lhe não responde aos anseios dos sentimentos nem às necessidades psíquicas, desarticulam-se interiormente.

Dias gloriosos

Existem já incontáveis ocorrências dessa natureza, que terminam em fugas terríveis para as drogas que geram dependência, que desgastam e levam à consumpção, quando não se atiram aos suicídios desesperados para fugir do conflito que os aturde e dilacera, acreditando não ter solução nem razão para continuarem vivendo.

A questão sexual é muito delicada e profunda, estando a exigir estudos sérios, sem as soluções da vulgaridade, apressadas e levianas, que pretendem resolver as situações conflitivas mediante sugestões para comportamentos insensatos, que violentam as estruturas morais do próprio ser, que passa então a experimentar distonia psíquica íntima ou desprezo por si mesmo, embora mantendo aparência de triunfo que se encontra distante de o haver conseguido.

No momento da concepção, o perispírito é atraído por uma força incomparável às células que se vão formando, nelas imprimindo automaticamente, por força da *Lei de Causa e Efeito*, o que é necessário à sua evolução, incluindo, sem dúvida, o sexo e suas funções relevantes.

A ingerência externa, alterando-lhe a formação somente trará inconvenientes, prejuízos e distonias morais.

A Engenharia Genética, à medida que penetrar nas origens da vida física, poderá oferecer uma contribuição valiosíssima, desde que não se imponha a vacuidade de interferir nos quadros superiores da realização e construção do ser humano.

O corpo produz o corpo, que é herdeiro de muitos caracteres ancestrais da família, que sofre as ocorrências ambientais, mas só o Espírito produz o caráter, as tendências, as qualidades morais, as realizações intelectuais, o destino.

Eis por que, na vã tentativa de mudar-se o sexo, na formação embrionária ou noutro período qualquer da existência física, desafia-se a Lei de Harmonia vigente na Criação, o que provocará distúrbios sem nome na personalidade e na vida mental de quem lhe sofrer a ingerência.

Todo corpo merece respeito e cuidados, carinho e zelo contínuos, por ser a sede do Espírito, o santuário da vida em desenvolvimento. No entanto, na área sexual, tendo-se em vista a finalidade reprodutora, o intercâmbio de hormônios poderosos quão relevantes, o ser é convidado a maior vigilância e disciplina.

Educar o sexo mediante conveniente disciplina mental é o desafio para a felicidade, que todos enfrentam e devem vencer.

As amarras aos vícios sexuais vêm retendo milhões de homens e mulheres na retaguarda das paixões, reencarnando-se com difíceis e desafiadores problemas que aguardam dolorosas soluções. E porque se não querem sacrificar, a fim de equacioná-los, permanecem em situações penosas quanto aflitivas.

Todo abuso ao corpo e particularmente ao sexo, perpetrado conscientemente, gera dano equivalente, que permanecerá aguardando correspondente solução por aquele que se infligiu a desordem, passando a sofrê-la.

Diante, portanto, de qualquer dificuldade que se experimente, ou em face das decisões graves que aguardam atitude decisória, sempre se poderá perguntar ao Amor como resolvê-las, e esse Amor que se manifesta em toda parte, sem os condimentos das paixões perturbadoras, responderá com sabedoria meridiana que, atendida com cuidado, proporcionará equilíbrio e paz, impulsionando o Espírito pelo rumo bem orientado, pelo qual atingirá a meta para cujo fim se encontra reencarnado.

15
PERSONALIDADES MÚLTIPLAS

Com a identificação do subconsciente na década de 1880/90, o professor Pierre Janet concebeu que os fenômenos mediúnicos de natureza intelectual poderiam ser explicados como resultado de patologias que se apresentavam como personalidades múltiplas ou parasitárias. Essas personificações teriam origem em diversas ocorrências durante a existência do ser, particularmente no período infantil, quando o mesmo, acalentando sonhos e ambições comportamentais, não conseguindo torná-los realidade na idade adulta, os arquivava no subconsciente, aí ficando até o momento em que se faziam exteriorizar, dando a impressão de tratar-se de manifestações das almas dos defuntos.

De certo modo, também seriam, segundo o eminente mestre, resultado de estados histeropatas – considerando-se que estava na moda atirar-se no poço da histeria tudo quanto fosse ignorado na área das desconhecidas psicopatologias – e que podiam ser evocados, mesmo que inconscientemente, quando então assumiam predominância na consciência atual.

A tese arrojada seria resultado das incursões realizadas pelo Dr. Jean Martin Charcot nos pacientes psicopatas do Hospital de la Bicêtre, em Paris, quando foram estudados, particularmente mulheres, mediante a técnica da hipnose, facultando-lhes as irrupções dos desarranjos emocionais que se convertiam em catarse liberativa dos conflitos e traumas de que eram portadores.

Sem qualquer dúvida, muitos anelos não realizados se arquivam nos refolhos da alma, nas camadas do subconsciente como do inconsciente que, de alguma forma, podem interferir na conduta dos seres em diferentes períodos da sua existência corporal.

Os traumas decorrentes da não concretização desses desejos trabalham em favor de conflitos que os desestabilizam emocionalmente, assomando, vez que outra, e predominando no Eu consciente em doentio mecanismo de exteriorização.

A questão possui fundamentos lógicos, sem dúvida, mas não engloba todos os fatores que se encontram na sua psicopatogênese.

Existem outros componentes para a compreensão das personificações parasitárias ou múltiplas, que não foram levados em conta, quais as interferências dos Espíritos desencarnados através de processos mediúnicos, alguns deles vigorosos, que produzem estados obsessivos, enfermidades essas que estão a exigir das ciências psíquicas maior investimento de perquirição, análise e estudo tão profundo quão cuidadoso.

Na sua condição de ser eterno, o Espírito experimenta inumeráveis oportunidades para desenvolver a sua capacidade iluminativa, portador que é de valiosos tesouros que lhe são oferecidos pela Divindade. E como nem sempre sabe conduzir-se, aplica-os egoisticamente, atabalhoada ou insensatamente, gerando dificuldades para si mesmo no carreiro das múltiplas reencarnações que tem pela frente.

Inexperiente, a princípio, compromete-se, e retorna para reparar, reaprender, adquirindo o discernimento que lhe será o condutor do livre-arbítrio, moderador das atitudes, nem sempre auscultado, dando surgimento a lutas desastrosas e a conquista de recursos que somente o perturbam, quando não dão origem a animosidades graves, a ódios que se arrastam pelos séculos, a emaranhados de sofrimentos que deve enfrentar ao longo do processo de crescimento interior.

Muitos desses inditosos campeonatos de insensatez dão margem a ressentimentos e rancores naqueles que lhes sofreram a constrição vergonhosa, a traição descabida, as manobras desonestas, e que, não desculpando, se resolvem pela condição de cobradores dos danos sofridos, vinculando-se-lhes mediante as ondas de ódio que os atraem e os imantam em sofrido processo psicopatológico desconcertante.

Por isso mesmo, as obsessões, ou constrições físicas e psíquicas dos Espíritos sobre os indivíduos humanos, grassam volumosas, aumentando, cada dia, como recurso de depuração moral para os que dilapidam as Leis em benefício próprio.

Naturalmente, a Divindade não necessita de que vítima alguma se converta em cobrador de dívidas, em algoz do seu próximo, mesmo que dele haja sofrido abusos numerosos, porquanto dispõe de mecanismos próprios para cada atentado, insculpidos na consciência de todas as criaturas. No entanto, o estado primário da vítima, igualmente sintonizado com aquele que a feriu e magoou, estabelece uma identificação psíquica e vibratória que propicia a interferência nos *campos de força* mental, dando surgimento aos mecanismos parasitários das dolorosas perseguições espirituais.

Esse capítulo é dos mais dolorosos que existem no intercâmbio entre os Espíritos, porque, à medida que o antigo algoz expunge, mesmo sem o saber, aquele que lhe foi vítima se transfere para o nefando lugar daquele a quem combate. Ao fazer-se juiz e cobrador, transforma-se em sicário e injusto aplicador da pena.

Somente a Consciência Cósmica, porque justa e sábia, dispõe dos meios hábeis para reequilibrar os relacionamentos doentios, anular as irregularidades praticadas, substituir os danos proporcionados por bens produzidos em etapa nova.

Conhecendo em profundidade o passado de ambos os litigantes – vítima e verdugo – avalia com justeza e sabedoria os fatores que geraram os males, as circunstâncias em que tiveram lugar, os comprometimentos danosos, recorrendo aos instrumentos de depuração através do amor, da benevolência, da caridade, do perdão, para refazer o caminho da fraternidade e a todos tornar amigos, auxiliando-os a compreender que os erros, os equívocos são experiências inevitáveis da injunção evolutiva.

Isto posto, muitas das personalidades múltiplas que se apresentam nas psicopatologias, são presenças espirituais que estão interferindo na conduta dos seres humanos, necessitando de conveniente terapia capaz de despertar-lhes a consciência, demonstrando-lhes o lamentável campo em que laboram com incalculáveis prejuízos para elas mesmas.

Não é fácil o tentame, como não é fácil nada de nobre e de dignificante que se pretenda realizar. Tudo na vida são desafios de alto porte, que exigem investimento de responsabilidade e de trabalho, a fim de alcançar resultados positivos. Porém, a paciência revestida de compaixão pelo perseguidor e a orientação dignificadora ao perseguido com outros contributos conseguem alterar a paisagem vigente e, às vezes, libertar um do outro, os combatentes da alucinação odienta.

No próprio indivíduo, estão os receptáculos nos quais se acoplam aqueles que se sentem por eles defraudados e se resolvem por tomar providências recuperadoras. Por isso, enquanto não ocorra uma real mudança de intenções do paciente, uma alteração vibratória de atividade mental e moral, ei-lo predisposto à interferência negativa, à presença da *personalidade intrusa* que age por seu intermédio, tomando-lhe o controle físico e mental de acordo com a profundidade e a gravidade do delito que os identifica e enlaça.

Simultaneamente, pode-se encontrar também como fator propiciatório à presença de personificações parasitárias as reminiscências não diluídas no inconsciente, no qual estão registradas as existências pretéritas, particularmente aquelas em que houve predominância de experiências fortes, que continuam ressumando desses profundos alicerces e depósitos, assumindo controle sobre o Eu atual.

São, quase sempre, recordações de comportamentos muito severos que se gravaram com vigor nos painéis da alma e automaticamente ressurgem, sobrepondo-se ao estado de lucidez, e passando a dirigir as atitudes presentes.

Imperiosas impressões e vigorosas condutas vividas permanecem ditando sua forma de ser e gerando descontrole no psiquismo, cuja predominância leva o homem e a mulher a conflitos sexuais, emocionais, vivenciais muito afligentes.

A história de cada vida está impressa no próprio ser, que se encontra vinculado a todos os atos e fatos que tiveram predominância nas suas existências anteriores. O *hoje* é continuidade do *ontem*, assim como será prosseguido no *amanhã*. Afinal, o tempo é imutável na sua relatividade e todos os indivíduos, todas as coisas passam por ele conduzindo a carga das realizações que sejam pertinentes a cada qual.

É muito complexo e delicado o capítulo das personalidades múltiplas ou das personificações parasitárias, em razão da indestrutibilidade da vida, da imortalidade da alma e do intercâmbio que existe entre todos os seres viventes, em particular entre os Espíritos, que são todas as criaturas, mesmo tendo-se em vista as diferenças dos níveis evolutivos em que estagiam.

Jesus, o Psicoterapeuta por excelência, advertiu com sabedoria e solicitude: – *Não faças a outrem o que não desejares que te façam*, demonstrando que de acordo com a sementeira, assim será a colheita.

A saúde integral, portanto, será sempre o resultado de uma consciência sem culpa, de um coração dulcificado e de uma conduta equilibrada.

16
Morte e Renascimento

O ser integral é viajante da Eternidade realizando o seu progresso etapa a etapa, de tal forma que as experiências vividas em cada jornada carnal estabelecem os mecanismos da evolução em referência à próxima, facultando-lhe intérmino desenvolvimento.

Desde quando criado, experimenta as incessantes transformações que o fazem desabrochar, arrebentando a masmorra em que se encarcera e crescendo na busca da sua destinação eterna – a perfeição relativa – que ainda não lhe é dado vislumbrar por falta de recursos e aptidões que lhe capacitem o entendimento em profundidade.

Cada realização conseguida se lhe insculpe de forma irrecusável nas tecelagens mais delicadas da organização sutil, que é o perispírito, o veículo modelador que lhe programa os futuros comportamentos para o processo de adiantamento moral no campo da matéria. Constituído de energia específica e *plasmática*, esse corpo intermediário encarrega-se de registrar todas as ocorrências morais e mentais que deverão consubstanciar a futura forma, o mecanismo de recuperação, o instrumento de conversão de valores que são necessários, tendo em vista a própria depuração.

Em face da conduta durante a existência física, de certo modo vão sendo delineados os processos para a libertação pelo veículo da morte, cuja ocorrência é muito mais grave do que pode parecer ao observador menos cuidadoso.

Morre-se ou desencarna-se conforme se vive. Os pensamentos e atos são implacáveis tecelões que se responsabilizam pelo deslinde final que liberta o Espírito do corpo.

Desse modo, a ocorrência terminal, encarregada de produzir a desencarnação, é resultado de todo o processo vivido durante o estágio orgânico. Cada qual experimenta o curso libertador de acordo com o procedimento mantido enquanto encarnado, o que se lhe transforma em futuros programas existenciais.

Uma desencarnação violenta não apenas produz grande perturbação, como também poderá responder pelo difícil porvindouro processo de renascimento corporal.

O suicídio, largamente programado, produz-lhe fundos traumas, elaborando uma próxima reencarnação que se lhe torna muito sofrida, desde a gestação com numerosas complicações antes e durante o parto, isto quando não é malograda por insucessos muito dolorosos. O enforcamento, por exemplo, elabora um renascimento sob a constrição do cordão umbilical em grave asfixia; o envenenamento estabelece o recomeço sob lesões cerebrais irrecuperáveis resultantes da anóxia; o afogamento gera ruptura da placenta antes do parto; o despedaçamento do corpo, porque se atirou das alturas ou sob veículos pesados, ou mutilações propositais, programa retorno sob posição inadequada, com impossibilidade de liberação, ou dá lugar a deformações congênitas, tais como desestruturação do conjunto orgânico e outras anomalias graves.

A forma angustiante do renascimento não impede, antes se vincula à existência que se fará assinalar pelos efeitos danosos do autocídio, que é sempre um mecanismo vergonhoso e cruel para o Espírito que força ausentar-se da matéria. Ninguém, portanto, se evade impunemente dos deveres, sem que não volte a encontrá-los mais complexos e exigentes para serem solucionados.

São as condutas suicidas que respondem pelos processos degenerativos a que são submetidos muitos indivíduos que passam na Terra, a arrostar as consequências dessa insânia, dessa rebeldia contra as Soberanas Leis.

O ato desastroso, mediante o qual o infrator deseja fugir da consciência, mais se lhe fixa, impondo repetição do fenômeno da morte para aprender como respeitar os impositivos da vida.

Por outro lado, quando a partida da Terra se dá por acidentes que produzem grande pavor, esses podem comprometer o futuro retorno à matéria através de sofrimento cáustico que, por sua vez, se refletirá como aflições incessantes durante a jornada porvindoura, apresentando dores e conflitos inquietantes.

A criatura humana está sempre a semear e a colher dentro de um fatalismo de que não se pode evadir, porquanto o mesmo constitui o meio salutar e único para o desenvolvimento de todos os valores que se lhe encontram ínsitos.

Morte e renascimento são processos que se completam, por fazerem parte do mesmo fenômeno da vida. Porque o Espírito é o determinante da própria experiência iluminativa, tudo quanto elabora mentalmente e transforma ou não em ação, se lhe constituirá patrimônio pessoal, adquirindo mais significado quando concretizado através dos atos.

O pensamento é poderoso veículo, não apenas de comunicação e de crescimento individual, mas também de energia vigorosa que se movimenta no Universo, força cocriadora que o Espírito possui para ascender do primarismo às cumeadas do progresso. Por isso mesmo, deve ser muito bem direcionado, porque a toda emissão de onda mental corresponde uma sintonia equivalente, que se transformará em construção feliz ou desventurada conforme o conteúdo de que se faça portadora.

As marcas de nascimento, mais do que procedentes de fatores genéticos, são sinais programados pelo Espírito, consequentes à forma como lhe ocorreu a desencarnação anterior e que se imprimem nos códigos do DNA, qual se dá com os fenômenos do parto feliz, complicado ou malsucedido.

Antigo refrão assinala: *tal vida, qual morte*, e podemos acrescentar que, de acordo com a morte assim será o recomeço da vida.

17
Sobrevivência e intercâmbio

Ressaltam, durante o processo da evolução antropológica e psicológica do ser humano, os processos do intercâmbio espiritual, demonstrando, à saciedade, a sobrevivência do Espírito ao fenômeno biológico da disjunção celular.

Responsável pela aquisição dos implementos orgânicos de que necessita para evoluir, o ser eterno plasma, em cada etapa a que se submete, os equipamentos hábeis para que desabrochem as faculdades que lhe são inerentes, oferecendo campo à sua finalidade.

Antes, porém, de que se conscientizasse desse mecanismo, a morte sempre se apresentou como a cessação do princípio da vida, mergulhando, aparentemente, a realidade na consumpção das formas.

O medo do aniquilamento total, a falta de discernimento entre o real e o mitológico, a predominância do instinto de preservação da espécie levaram o homem primitivo à observação da ruptura brutal da vida, quando surgia avassaladora a força da morte. Sem capacidade para discernir ou logicar, agindo mais por automatismo do que pela razão, a dor da perda de alguém se lhe tornava avassaladora, asselvajada.

Em tal ocorrência, no silêncio da furna em que se refugiava, passou a ser visitado pelos seres que os seus olhos viram diluir-se no silêncio mortuário, e, inevitavelmente, se lhe instalou na alma o pavor ante aqueles que retornavam, tentando comunicação.

Antes disso, porém, no período paleolítico, *o culto das pedras* foi a forma primária pela qual passou a expressar a sua manifestação inicial de crença, quando procurou representar a efígie humana por meio de seixos, nos quais pintava o próprio ser, toscamente, com linhas primitivas, porém, esquematizadamente. Logo depois, o processo de evolução do pensamento levou-o a insculpi-lo em barro, osso, madeira e na própria pedra, através de linhas mais bem definidas, logo as arrumando em torno das fogueiras com que se aquecia.

Originou-se, então, o culto xamanista, e surgiram os primeiros sensitivos que se não davam conta de serem os instrumentos da fenomenologia, que se veio expressar por intermédio do movimento, das *quedas de pedras*.

Foi um largo pego entre as primeiras manifestações visuais até o momento do contato palpável, no qual foram entretecidas as primeiras comunicações que facultaram o intercâmbio entre as duas esferas da vida, surgindo a ponte da mediunidade para a realização do cometimento.

Nas paredes escalavradas das covas onde se ocultava, ante o crepitar das labaredas devoradoras do fogo, surgiam formas, a princípio vagas, imprecisas, que se foram condensando com o tempo até se transformarem nos fantasmas dos ancestrais desaparecidos, que teimavam em permanecer, embora o pavor estampado na face grotesca do ser humano com quem desejavam manter comunicação.

Dias gloriosos

Tão insistente se tornou esse fenômeno, que a sua inevitabilidade proporcionou-lhe a aceitação receosa de início, para definir-se com o tempo, tornando-se patrimônio da Humanidade.

A observação natural e contínua do sucesso criou instrumentos para fazê-lo suceder, agora por interesse dos visitados, em face da constatação que somente ocorria quando determinados seres do grupo estavam presentes. Essa identificação do mecanismo gerador facultou a seleção daqueles que se faziam intermediários, dando lugar ao surgimento de mais sofisticados cultos, da magia, da *feitiçaria* – proibida em todas as legislações ancestrais, o que demonstra a sua existência – dos portadores dos recursos que podiam proporcionar tais manifestações.

Imantado aos atavismos antigos, principalmente o pavor do desconhecido, que sempre se apresenta como perigo à segurança do ser, o pensamento, passando pelas etapas de crescimento, deu curso à criação dos mitos como forma de absorver essa realidade que não podia entender.

Desenvolvendo-se em um meio hostil – os fenômenos sísmicos terrificantes, os animais ferozes, os grupos que se antagonizavam, as doenças agressivas e devastadoras, a ausência de alimentação adequada que se apresentava primária como a própria vida – o homem primitivo passou a haurir inspiração e conhecimento nas instruções que lhe passaram a chegar através dessa comunicação com os antepassados.

Mediante pequenas, quase insignificantes sugestões, esses imortais se propuseram a orientar os humanos que permaneciam no corpo, apontando-lhes caminhos que lhes facilitassem a marcha, lhes diminuíssem as penas, socorrendo-os ante os desafios pesados, o que iria proporcionar no futuro, o profetismo, as intervenções *miraculosas*, o fanatismo e a equivocada submissão aos seres desencarnados, que teriam ficado encarregados de disciplinar e orientar a vida humana, o que ainda permanece em muitas mentes como arquétipo dominante.

Naquele período, era compreensível que o fato sucedesse merecendo aceitação, desde que proporcionando ajuda, até o momento em que o homem adquiriu a razão, o discernimento, dando-se conta que a morte é somente processo de transformação e não de miraculosa sublimação, podendo, então, discernir o que deve ou não aceitar como diretriz emanada do mundo espiritual.

Para alcançar esse patamar de compreensão da legitimidade da vida nos dois planos da existência evolutiva do ser, transcorreram milênios de aprendizado e de observações, até o momento da chegada do Espiritismo com o seu arsenal valioso, igualmente fornecido pelos próprios seres que o constituíram junto a Allan Kardec, o seu codificador.

Da furna escura, clareada pelas chamas inquietas, aos santuários erguidos para essa finalidade, foi um passo; do silêncio e das sombras onde melhor ocorriam para os recintos equivalentes pelo próprio homem elaborados, também se fez resultado natural da observação, multiplicando-se, à medida que se dava o crescimento mental e social dos indivíduos, para haver a inevitável ocorrência de *os mortos passarem a conduzir os vivos*.

Na Antiguidade oriental, nos templos suntuosos ou diante das estrelas, as comunicações se processavam sob a evocação dos deuses – que não passavam dos próprios Espíritos que se fizeram respeitar pelas ações desenvolvidas junto aos homens – que se predispunham a atender as solicita-

Dias gloriosos

ções humanas, estabelecendo regras, formalismos, auxílios compatíveis com o entendimento dos consulentes que os buscavam.

Certamente, nem todos aqueles que se vinham comunicar eram portadores da elevação que lhes facultasse orientações saudáveis. Muitos deles, apegados às paixões a que se submeteram antes do túmulo, volviam e impunham as suas vontades caprichosas, violentas e sanguinárias, tornando-se responsáveis pelas hediondas contribuições que perturbaram a marcha do progresso por largo período.

Muito compreensível esse acontecimento, tendo-se em vista também o estágio de consciência em que se encontrava a sociedade, que emergia da tribo para as primeiras experiências da civilização futura, na qual, ainda infelizmente, predominam as tendências dissolventes e os hábitos insensatos, levando-a a retrocessos e recidivas de erros, por meio dos quais galga, a pouco e pouco, os degraus do progresso e da liberdade.

Os historiadores do Oriente como do Ocidente anotaram em páginas ricas de beleza e em fastos emocionantes os acontecimentos de que foram instrumentos ou que lhes chegaram ao conhecimento através do relato das testemunhas autênticas, sobre o intercâmbio espiritual com os homens e os resultados desse labor profícuo, que hoje constitui recurso emulador para a existência saudável na Terra e a certeza do prosseguimento da vida após a morte física.

Xenofonte, no seu *Ditos e feitos memoráveis de Sócrates*, ao se referir ao *daemon de Sócrates*, coloca na boca do filósofo esta informação: "Esta voz profética fez-se ouvir a mim em todo o curso de minha vida; ela é certamente mais autêntica do que os presságios tirados dos voos ou das entranhas dos pássaros: eu chamo-a de Deus ou Daemon. Tenho comunicado aos meus amigos as advertências que recebi. E até o presente, a sua voz jamais afirmou algo que tenha sido inexato".

Mas, não apenas Xenofonte, senão Plutarco, Platão e outros *discípulos* afirmam as comunicações mantidas pelo sábio com o mundo espiritual.

Confirmando o estágio primitivo de alguns dos comunicantes, refere-se ainda Plutarco ao incidente verificado com Brutus, quando foi defrontado por um Espírito, que lhe informou, peremptório: –"Eu sou teu anjo mau, Brutus, e tu me verás perto da cidade dos Filipenses", ao que o corajoso guerreiro respondeu: – "Está bem, pois eu ver-te-ei lá".

Posteriormente, perseguidos de forma inclemente por Antônio e Octaviano, Cássio e Brutus foram derrotados nos campos de Filipos, na Macedônia, no ano 42 a.C..

Sem resistência moral para enfrentar a derrota, incapaz de salvar a República, Brutus atirou-se sobre a ponta de uma lança que o matou, confirmando o vaticínio infeliz do seu *anjo mau.*

Compreendendo-se que o mundo real é o causal, que o espiritual é o da origem do ser e não da sua consequência, facilmente se entenderá que a demonstração da imortalidade partiu, portanto, da esfera psíquica e não da física, despertando a consciência adormecida no corpo para as finalidades da evolução a que se encontra adstrita.

Possuindo maior visão da realidade e vivendo-a em plenitude, o Espírito pode com maior precisão informar quais são os valores e objetivos verdadeiros que valem a pena ser buscados e cultivados, dando sentido existencial à experiência orgânica, que então se reveste de alta significação psicológica.

O intercâmbio espiritual atingindo, na atualidade, elevadas expressões culturais e científicas, elucida várias ocorrências que permaneciam sombreadas na área do comportamento, da saúde, da religião, do pensamento, ao mesmo tempo oferecendo um imenso elenco de recursos para tornar a existência física mais significativa e atraente, sobretudo, em face da contribuição em torno do sentido de continuidade que a morte não interrompe.

Essa convicção preenche os terríveis vazios existenciais, concitando ao cultivo da beleza, do progresso e do amor na busca da plenitude.

Diante disso, o ser humano deixa de ser joguete de forças absurdas e casuais, que o teriam elaborado e conduzido, para tornar-se o autor consciente das suas realizações, desenvolvendo os valores subjacentes que o exornam e lhe aguardam a contribuição.

A vida, na sua constituição eterna, é todo um *continuum* que não cessa, tornando-se mais atraente e desafiadora, quanto mais é conquistada e se progride.

O ser humano está fadado à glória do infinito através da sua imortalidade. O *sonho* em torno do aniquilamento, como mecanismo psicológico de fuga da luta e da realidade, não passa de *pesadelo* que aturde as mentes que anelam pelo torpor, pelo *nada*, como recurso de autodestruição capaz de eliminar-lhes a amargura e os conflitos que deram surgimento a esse desinteresse existencial que perde o sentido e sucumbe nas aspirações de vida e de eternidade.

Logo após publicar em *A Gaia Ciência* uma versão para a morte de Deus, e fazer que fosse ouvida a voz do *louco* procurando-O, Nietszche, já anteriormente atormentado, mergulhou sombriamente a pouco e pouco no abismo da demência, desencarnando, menos de um ano após, sem consciência, sem lucidez. De alguma forma, conseguira retratar a própria amargura e descrença, através da personagem infeliz e psicopata que corria para a praça procurando por Deus.

Por sua vez, Heine, que também O combatera sistematicamente, em um pós-escrito no seu livro *O Romanceiro*, assegurou: "Sim, voltei a Deus. Sou o filho pródigo... Há, afinal de tudo, uma centelha divina em cada criatura humana".

Por outro lado, Schopenhauer concluiu: "O mundo físico não é mãe, mas simplesmente a ama do Espírito vivo de Deus dentro de nós".

A realidade da sobrevivência do Espírito e do seu intercâmbio com os homens encontra-se ínsita no próprio ser, e os fenômenos exteriores têm como finalidade torná-lo consciente, quando imerso na matéria, a fim de que faça a sua existência mais saudável, otimista, criadora, de forma que possa crescer incessantemente, adquirindo, mediante as experiências novas, os recursos que o capacitem para a evolução que o aguarda.

Tal é a mensagem que, ressaltando de todos aqueles que buscam o comportamento racional da imortalidade e da comunicabilidade dos Espíritos, se encontra ao alcance de quantos se empenhem por tornar a própria existência apetecível, superando os arquétipos destrutivos que lhe remanescem no inconsciente e, às vezes repontam, atormentando com a elaboração das fantasias do aniquilamento e da consumpção da vida.

18
REGRESSÃO DE MEMÓRIA

O esquecimento do passado constitui verdadeira misericórdia de Deus para com as Suas criaturas, porquanto faculta o recomeço em novo corpo sem a carga das lembranças tormentosas resultantes dos feitos negativos perpetrados em existências passadas. Outrossim, favorece com o olvido das atividades nobilitantes e dos afetos especiais que hão constituído emulação para o próprio progresso.

A recordação das ocorrências danosas acarretaria, sem dúvida, uma alta carga de sofrimento derivado do remorso, que dificultaria o prosseguimento dos compromissos elevados. Em consequência, poderia tornar-se um motivo de desânimo gerador de estímulos prejudiciais para o abandono dos deveres ou o medo de enfrentamento dos novos desafios. Ademais, a lembrança detalhada de determinados fatos traria à memória a presença de cômpares igualmente comprometidos, ou pessoas outras vitimadas, ou ainda responsáveis pelo desar, assim aumentando a animosidade em relação a estes últimos.

Por outro lado, a revivescência dos momentos gloriosos, das afeições especiais se, de uma forma, pudesse transformar-se em emulação para a continuidade do esforço, faria correr o risco de eleições especiais em detrimento de novas vinculações afetuosas, o que diminuiria o círculo de crescimento fraternal na busca da imensa família universal.

Merece ainda considerar-se que a carga das lembranças da existência atual constitui já um grave comprometimento. Caso se adicionassem aquelas que provêm de experiências transatas, por certo perturbariam o mecanismo homeostático ou de equilíbrio do indivíduo, em razão de não ser possível suportar-se a soma de emoções que ultrapassam a capacidade de resistência fisiopsíquica.

O organismo humano é portador de um limite de energia própria para suportar emoções e sensações até certo ponto que, superado, se transforma em desajuste dos seus sutis equipamentos psíquicos, produzindo lesões irreversíveis. Por essa razão, muitos seres interexistentes, que convivem simultaneamente nas duas esferas da vida – a material e a espiritual – quando não são moralizados ou não conseguem harmonizar o comportamento com a estrutura psíquica, derrapam em alucinações, em distonias nervosas e mentais de difícil recuperação durante a existência.

O ser humano, apesar de ainda deter-se em faixa mais fisiológica do que psicológica, mais na sensação do que na emoção, já vem granjeando valores que lhe facultam liberar-se de algumas das constrições impostas pelos atos infelizes das reencarnações anteriores, que lhe pesam na economia íntima, gerando sofrimentos rudes, distonias afligentes e problemas outros na área dos relacionamentos interpessoais, dos conflitos sexuais, dos desafios econômicos e financeiros, levando-o a maiores descalabros quando não a fracassos muito perturbadores.

Tendo-se em vista que as Divinas Leis são de justiça, mas também de amor, cumpre que sejam restabelecidos os códigos de honra que foram desrespeitados e sejam recuperados os níveis de harmonia que os atos inditosos produziram.

A reparação dos erros é, por isso mesmo, inevitável, não sendo necessário de forma inexorável que essa recuperação se dê exclusivamente através do sofrimento.

Jesus lecionou que o *amor cobre a multidão dos pecados*, e, diante da mulher equivocada que lhe lavou os pés na casa de Simão, dominada pela ternura e pelo arrependimento da existência insensata que se permitia, liberou-a de maiores sofrimentos, confortando-a com a sugestão dignificadora: *"Por muito amares, teus pecados são-te perdoados!"*

Certamente não a liberou das consequências dos atos insanos, porque essas viriam naturalmente como resultado do mau uso do livre-arbítrio. Demonstrou-lhe que através do amor pode a criatura reabilitar-se de quaisquer ações nefandas que se haja facultado, desde que se empenhe na reabilitação, que é a grande meta de todo aquele que busca crescer e ser feliz.

Assim, desde os primórdios da fenomenologia mediúnica e parapsicológica os investigadores da psique humana detectaram que nos seus arquivos atuais se encontram os registros dos comportamentos passados que, de certo modo, estão a ditar-lhes novos procedimentos ou repetições de gravames que se insculpiram como agentes de perturbação.

Nos processos de ecmnésia ou recordações espontâneas de vidas passadas, ou mesmo pelo concurso da hipnose, é possível reviver-se experiências esquecidas, por cuja contribuição se pode explicar um sem-número de ocorrências atuais.

Por outro lado, firmados nas infinitas possibilidades dos arquivos do inconsciente atual como do profundo, nobres psicanalistas encontraram nas ocorrências da vida perinatal a causalidade de muitos traumas, fobias, complexos de inferioridade e superioridade, narcisismo, perturbando a conduta dos seus pacientes. Através dos recursos hábeis para esse fim, vêm realizando incursões exitosas, graças às quais liberam muitos sofredores dos seus tormentosos estados d'alma, *limpando-os* das marcas neles gravadas.

Quando não encontrando essas causas de desajustes na fase atual nem na infância dos enfermos, foram estimulados a recuar a sonda da investigação e chegaram aos processos mais profundos dos registros, aos *arquétipos coletivos*, que nada mais são do que reminiscências de outras reencarnações, encontrando ali os fatores responsáveis pelos distúrbios que ora os inquietam.

Identificando as causas, trabalharam terapeuticamente nos seus efeitos e contribuíram para que muitos outros sofrimentos enigmáticos cedessem lugar à conscientização das mesmas, superando-as, através do repetir dos fatos, sob auxílio e orientação que demonstram já terem tido lugar e não mais deverem prosseguir emitindo ondas devastadoras sobre o psiquismo atual.

É claro que, em tais evocações sob hipnose ou indução mais suave, o paciente não recorda plenamente a reencarnação anterior, senão é orientado a encontrar o fator que detona o problema e que nele mesmo se encontra ínsito.

À proposta desafiadora o inconsciente responde com as *matrizes* danosas, facultando a revivescência do mesmo e a consequente liberação das suas cargas malévolas.

É claro que o assunto apenas está começando nessa área e muito se há de estudá-lo, a fim de bem penetrá-lo, evitando-se que novas recordações aumentem o somatório do que já existe no consciente, correndo-se o risco de produzir-se inarmonia homeostática.

Ademais, nem todos os pacientes que forem objeto de recordações por tal processo se liberarão dos efeitos danosos dos atos infelizes, isto porque se fazem necessárias a mudança de comportamento para melhor, a alteração dos planos mentais identificando deveres esquecidos ou novamente desrespeitados, que constituirão recurso reparador, libertação dos resultantes cármicos.

A conscientização da responsabilidade do ser humano perante a vida é-lhe a valiosíssima terapia para a conquista da saúde física e mental, sobretudo para a realização moral, cujos pródromos de atividade nem sempre feliz se encontram nos painéis da mente profunda, nos alicerces do inconsciente espiritual.

Qualquer incursão, no entanto, nesses domínios, sem orientação competente e especializada, destituída de objetivos nobres, animada por curiosidade ou frivolidade descabida, sempre resulta em desastre, isto é, em imprevisível sucesso muitas vezes de sabor amargo.

O ser humano é a medida de si mesmo. Autoconhecer-se, penetrando-se cada dia com o esforço para a identificação da sua realidade atual como passada, constitui o grande desafio que está aguardando resolução firme e dedicação contínua de cada qual.

Todo o investimento de amor e de interesse pela autoiluminação deve ser aplicado em favor do processo evolutivo, de forma que não cesse o anelo pelo crescimento interior, pela ampliação dos recursos ético-morais e intelectuais, produzindo sem cessar para o bem e para a vida, na qual irrefragavelmente se encontra incurso.

19
Paranormalidade humana

A evolução antropológica e psicológica do ser humano vem trabalhando-lhe a forma e o psiquismo mui suavemente, com tão calculada precisão que o homem contemporâneo, em comparação com os seus avoengos de priscas eras, apresenta-se portador de grande beleza, harmonia e sensibilidade, que em quase nada lhe faz recordar a apresentação da época em que ensaiava os primeiros passos no período primitivo.

O desenvolvimento da Ciência aliada à Tecnologia, as conquistas do pensamento filosófico, a capacitação ético-moral, as adaptações sociológicas, a fixação dos valores artísticos ampliaram-lhe o psiquismo, que desata florações de conquistas inimagináveis anteriormente, auspiciando-o com possibilidades outras ainda sequer sonhadas.

A perfeita utilização dos sentidos sensoriais sob o direcionamento da consciência, a pouco e pouco amplia-lhe a capacidade de autopenetração e busca de percepções mais elevadas e sensíveis, que o levam à identificação de faculdades paranormais adormecidas, cujos pródromos se expressam como episódios esparsos que lhe chamam a atenção, convocando-o a exame mais apurado em torno das suas potencialidades ainda não exploradas.

Lentamente e com vigor, os fatos vão consolidando experiências, de forma que o ser cerebral cede lugar ao transpessoal, o conceito organicista da vida abre espaço para o espiritualista, e este para o espiritista. Não mais o indivíduo apenas matéria, nem o binômio Espírito e matéria, mas o ser tridimensional que se expressa como Espírito, perispírito e matéria.

Princípio inteligente do Universo, essa força em processo de evolução expande um envoltório sutil e plasmador que fará sentir o seu fatalismo na forma carnal.

Vencendo os impedimentos iniciais que a matéria lhe oferece, à medida que, por sua vez, evolui, assume o controle dos impulsos orgânicos e direciona-os de forma salutar, objetivando dominar e superar os impositivos materiais, a fim de utilizar-se do corpo sem se lhe submeter às necessidades imperiosas, podendo mover-se nele sem cárcere e utilizá-lo com sabedoria.

A paranormalidade é-lhe, inevitavelmente, o novo passo a conquistar, conforme vem ocorrendo desde os primórdios do processo evolutivo.

Alguns Espíritos felizes que mergulharam no corpo, a fim de apressarem o desenvolvimento intelecto-moral da Humanidade e do planeta terrestre, em passado já remoto, foram portadores de faculdades parafísicas, que lhes proporcionaram a demonstração da imortalidade, bem como as infinitas possibilidades que a todos nos são inerentes.

Na atualidade, em razão do grau de percepção psíquica, a paranormalidade vai-se tornando parte integrante do comportamento humano, não mais constituindo fenômeno sobrenatural, miraculoso, mas sim, um *sexto sentido*, conforme a feliz definição do Prof. Charles Richet, ante os fatos observados através de sensitivos cuidadosamente estudados.

Porque é uma fonte de energia, o Espírito possui recursos valiosos que se expressam através do seu psiquismo, podendo irradiar o pensamento, produzindo fenômenos de telepatia – consciente ou inconscientemente, de pré e retrocognição – captando ondas específicas dos acontecimentos, clarividência e clariaudiência – registrando faixas vibratórias especiais, nas quais se assinalam acontecimentos transpessoais – bem como entrando em sintonia com o mundo espiritual de onde se origina e para onde retorna.

Essa faculdade de captação de ondas e campos vibratórios muito delicados e complexos favorece o intercâmbio com os Espíritos desvestidos do envoltório carnal e que se encontram nessa esfera causal da vida.

A mediunidade, que é faculdade do Espírito, *reveste-se de células*, a fim de processar as comunicações, ampliando os horizontes do pensamento humano e fazendo-o mergulhar no oceano infinito do conhecimento.

Em razão do seu crescimento ético-moral e intelectual, mais acentuada se lhe faz a percepção da realidade extrafísica, ensejando-lhe a identificação das fontes inesgotáveis da sabedoria que verte da erraticidade.

Podendo utilizar-se conscientemente de parte das funções cerebrais e de algumas glândulas do sistema endócrino, elabora antenas que captam as ondas mentais que se movimentam no campo de vibrações do Planeta, sejam procedentes de seres encarnados ou de Espíritos livres da couraça material.

Certamente, o fenômeno ocorre também com indivíduos destituídos de valores profundos da mente e do comportamento, possuidores, no entanto, da faculdade de natural captação, porquanto, em si mesma, é neutra, independendo de valores morais ou outros quaisquer, na área da Religião ou da Filosofia.

Entretanto, a aquisição consciente e lúcida em torno dessa possibilidade enriquece-o de recursos hábeis para a sua correta utilização, o que lhe propiciará crescimento interior e harmonia de comportamento.

A mediunidade, portanto, se expressa mediante um campo de energia específica a irradiar-se através do perispírito, que mais facilmente capta as vibrações de outro, porquanto, a ocorrência dá-se através desse veículo sutil, que é o instrumento de registro e decodificação da onda mental do desencarnado direcionada ao sensitivo.

O aprimoramento moral e intelectual do médium, como é fácil de compreender-se, credencia-o melhor à filtragem da mensagem e sua respectiva tradução, desse modo auxiliando o autor, que mais facilmente conseguirá o intercâmbio. Ademais, os valores elevados do sentimento, da conduta e do desenvolvimento mental atraem os Espíritos sérios e dignos que desejam contribuir em favor do progresso do medianeiro como da sociedade em geral.

Desvestindo-se dos tabus e cerimoniais com que, no passado, se fazia manifesta, a mediunidade vai adquirindo cidadania pelas admiráveis contribuições que vem trazendo ao conhecimento e à Cultura, à Ciência e à Razão, despertando as mentes para as elevadas responsabilidades da existência física, assim como para a saúde orgânica, emocional e psíquica do ser.

Ínsita na alma humana, quando se exterioriza ostensivamente, necessita de disciplina e orientação, a fim de ser educada, de forma que a sua irrupção e continuidade não tragam danos para o seu portador.

Porque se trata de delicado instrumento de intercâmbio, exige do seu portador uma vida saudável, de maneira que não ocorra desgaste orgânico nem mental, antes se tornando fator que produz bem-estar e alegria, em face das inspirações e resistências vibratórias que oferece.

Quanto mais exercitada, mais amplos recursos se lhe apresentam, favorecendo com painéis ricos de pensamentos e ideias elevadas, que emulam ao serviço do bem, do progresso social, da harmonia individual e coletiva.

Quando ignorada, causa vários transtornos, porque a sintonia psíquica com o mundo espiritual faz-se espontânea, e, normalmente, dentro da faixa vibratória em que estagia o sensitivo, atraindo seres semelhantes ou menos nobres, que passam a vincular-se-lhe, por *osmose vibratória*, retirando-lhe energias de grande valor para a constituição orgânica.

Esse sucesso, que é muito comum, mais do que se pode imaginar, ocorre amiúde, sendo responsável por muitas enfermidades simulacros, isto é, de aparência biológica, no entanto, de origem mediúnica, a caminho para episódios obsessivos – físicos, mentais ou simultâneos – que se transformam em graves doenças da alma.

Norteada com segurança, por intermédio do estudo da sua fisiologia e exigências morais que impõe, da meditação e do silêncio interior, da prática de ações de benevolência e de caridade, amplia a sua capacidade de registro de tal forma, que o trânsito entre as duas esferas – a física e a espiritual – se expressará fácil, tranquilo e confortável.

Da mesma forma, o desenvolvimento das aptidões anímicas, aquelas que procedem do próprio Espírito, tornam o ser mais sensível à realidade existencial, enriquecido de beleza, podendo intercambiar pensamentos e ação com os demais indivíduos, assim rompendo as algemas que o retêm à distância, e auxiliando-o a contribuir com maior pujança em favor de uma nova ordem social, mais justa e equânime, que tornará a vida na Terra melhor e mais enriquecedora.

Nesse desenvolvimento da paranormalidade sob ambos os aspectos, o ser humano irá incorporando cada vez mais os recursos extrafísicos, de modo que, no futuro, será seu portador consciente e seguro, qual ocorre hoje com os sentidos convencionais, adquiridos ao longo do tempo nas multifárias reencarnações.

20
Parasitose espiritual

Tomando aspecto de verdadeira epidemia na atualidade, qual ocorreu em outras épocas da Humanidade, a parasitose espiritual, ou obsessão, é mal terrível que aflige as criaturas, sobrecarregando-as de enfermidades de diagnose difícil e cura mais complexa.

Em todo processo obsessivo há sempre um quadro alarmante de sentimentos contraditórios entre os litigantes, que se atiram furibundos uns contra os outros, em pugna cruel caracterizada por objetivos soezes.

Remanescente do primarismo animal que permanece no Espírito, o ser que se sente ultrajado ou traído, desprezado ou dilapidado no seu patrimônio, investe contra aquele que considera seu adversário, infligindo-lhe tormentos consideráveis, que podem terminar em verdadeiras tragédias.

Incapaz de compreender a enfermidade ou ignorância que predomina naquele que o infelicitou, faz-se-lhe sicário da alma, cultivando o ódio e programando o desforço com o qual pensa *fazer justiça com as próprias mãos*, como se as Soberanas Leis universais dele necessitassem para regularizar os desequilíbrios que a imprevidência gera em toda parte.

Enceguecido pela loucura que o toma e impaciente para logo vingar-se, não trepida em criar situações desagradáveis e tormentosas, iniciando o processo de vinculação psíquica, partindo para a hipnose dominadora e terminando na cruel parasitose vampirizadora.

Nessa pugna sem quartel estão em aberto questões de ordem inferior que geraram débitos por parte da vítima atual, que se encontra desaparelhada de informações seguras para evitar tombar nas malhas bem-urdidas da vingança covarde que procede do Além-túmulo.

Surgindo como distonia nervosa, alucinação visual ou auditiva, sensações de mal-estar e inquietação, ansiedade ou frustração, insegurança ou desconfiança soez, revolta ou fixação mental exagerada, pode também apresentar-se de golpe, em investida violenta que desarticula os equipamentos psíquicos em forma de loucura.

É mais pungente quando se manifesta sutilmente e se vai agigantando, com predominância da mente do usurpador sobre aquele que o suporta, pelo aturdimento e pelos distúrbios que produz, induzindo-o telepaticamente às fugas da existência física, seja pelo abandono de si mesmo, pelos maus tratos que impõe aos afetos e a todos quantos o cercam, ou através do suicídio.

Não se dá conta de que, ao tomar a infeliz atitude, está agindo da mesma forma que o outro, aquele que o infelicitou, promovendo consequências más para o seu *amanhã*.

Por mais que alguém se veja dilacerado nos sentimentos, por deslealdade ou infâmia de outrem, não tem o direito de erguer a clava do desforço para aplicá-la, tornando-se cobrador impenitente.

Os Soberanos Códigos da Justiça dispõem de mecanismos hábeis para regularizar os conflitos e os atentados às Leis, sem gerar novos devedores, e conforme muito bem acentuou Jesus, *o escândalo é necessário, mas ai do escandaloso!*

Ninguém tem o direito de tornar-se ímpio regularizador das Leis de harmonia, utilizando-se dos próprios e ineficazes meios.

Desse modo, quando ocorre qualquer desconserto, em decorrência do desajuste de alguém, o seu autor perturba a ordem que passa a girar à sua volta até que a reorganize.

A obsessão é, portanto, um estado de miserabilidade moral daquele que se transforma em verdugo do outro.

Insidiosa e persistente, a ideia obsidente penetra naquele a quem vai dirigida, tornando-se insuportável presença no seu campo mental, na sua conduta emocional.

Inicialmente é vaga impressão que se lhe assenhoreia a pouco e pouco, passando a predominar como ideia viciosa que se enraíza, estabelecendo malhas de desequilíbrio e alucinação.

Em demorado curso é somatizada, tornando-se enfermidade pertinaz e devastadora.

A aceitação do fenômeno obsessivo somente se faz possível quando há perfeita sintonia entre o agente da perturbação e o paciente, em decorrência da *consciência de culpa* no indivíduo gerador do transtorno.

Perseverando no seu intento malsão, o agressor insiste, minando as reservas de energias daquele a quem persegue até vencê-lo, quando então se instala a parasitose espiritual.

Por intermédio do intercâmbio psíquico que se faz recíproco, com o passar do tempo o invasor da casa mental se torna vítima da própria trama, tornando-se dependente da vampirização que exerce.

A partir desse momento estabelece-se uma *necessidade de nutrição* que torna mais difícil o quadro de perturbação, exigindo cuidadosa terapia junto aos dois pacientes...

A obsessão é cruel processo de restauração do equilíbrio daqueles que se não permitem progredir mediante as oportunidades excelentes do amor, tombando nas redes constritoras do ódio, do ressentimento, da necessidade de cobrança, da paixão asselvajada...

Para atenuar e vencer esse flagelo tornam-se indispensáveis a prece, a paciência, a renovação dos propósitos morais do enfermo, a insistência na prática das ações libertadoras e, quase sempre, de um grupo de apoio que deve ter início no próprio lar, desde que aqueles com os quais o enfermo convive estão incursos no mesmo mecanismo depurativo.

Sentindo-se combatido, o *parasita espiritual*, que se compraz em perseguir, torna-se mais violento ou altera o programa de vingança, a fim de desanimar o doente encarnado, prosseguindo no desiderato que lhe satisfaz.

Normalmente, a obsessão, que se expressa através dos mecanismos mentais – telepatia, inspiração vexatória, desejo de prazeres anestesiantes, sentimentos inferiores – à medida que encontra ressonância interior por parte de quem lhe sofre o assédio, estende-se ao organismo somático dando lugar à instalação de enfermidades físicas ou de desajustes funcionais, que se transformam em graves distúrbios.

Ainda aí, o processo terapêutico deve obedecer às mesmas regras da eleição de leituras de harmonia pessoal e conversações saudáveis, mesmo que a sacrifício, a fim de que

Dias gloriosos

as vinculações cedam lugar ao auxílio superior que normalmente lhe é direcionado.

É certo que, nos casos mais graves – fascinação e subjugação – seja mais difícil ao obsidiado perseverar nos propósitos sadios e até mesmo pensar neles, mas o desejo honesto de libertar-se da injunção opressora credencia-o a receber maior influxo de socorro de ambos os lados da vida, assim diminuindo a interferência maléfica.

Todo espaço mental que seja dedicado aos pensamentos otimistas e de saúde, será conquista sobre o invasor que antes se apropriava dessa área para infundir receios, inquietações e submissão.

Toda vez que uma ideia pertinaz procurar predominância mental, defronta-se o início de intervenção espiritual negativa em estabelecimento de obsessão.

Não obstante a obsessão se apresente de maneira muito ampla e variada, a mais rotineira e que mais afeta a criatura humana é aquela que procede do mundo espiritual, estando a exigir imediatas providências.

Na atualidade, tem caráter epidêmico, qual sucedeu em outros períodos da Humanidade, tornando-se insuportável, em razão do estado de atraso moral das criaturas e da predominância das suas paixões mais primárias, que as levaram a guerras sangrentas, a abusos morais excessivos, a situações de selvageria e primarismo...

Nesses ensejos, as duas populações – a terrestre e a espiritual inferior – se unificam em um inacreditável conúbio em que a simbiose psíquica faz-se também física e vice-versa.

O dia anterior ao do Calvário assinala um desses terríveis momentos históricos, quando a massa açoitada pelas *forças do mal* preferiu Barrabás a Jesus e levou o Justo à crucificação em espetáculo truanesco e infame.

O Mestre, vitimado, conhecia essa trama soez e por isso sempre esteve a braços com obsessores e obsidiados, em razão de ser o Terapeuta por excelência. Em momento algum descurou de reconduzir às esferas espirituais os primeiros, ensinando às suas vítimas como livrar-se do jugo infeliz, precatando-se contra futuros cometimentos dessa espécie.

A Sua autoridade afastava os Espíritos maus que, não obstante, O desafiavam, tentando enfrentá-lO com cinismo e ironia.

O ser humano é a soma das suas experiências próximas-passadas, assim como adquiridas em vidas anteriores, mediante as quais constrói o próprio futuro.

Assim sendo, o pretérito sempre se encontra presente no indivíduo e o seu futuro está sendo constantemente elaborado por meio das ações que se permita realizar.

As obsessões pois, que decorrem dos atos negativos que se encontram fixados na economia do progresso do ser, desaparecerão quando o mesmo se transformar para melhor, facultando que se instale na Terra o reino da equidade, da justiça e do amor.

21
Ligeiro estudo sobre a reencarnação

Desde tempos imemoriais até onde o pensamento possa recuar, as evidências sobre a imortalidade da alma, sua comunicabilidade e a reencarnação se fazem presentes em quase todos os povos e culturas, raças e grupamentos sociais, constituindo um dos mais antigos demonstrativos da realidade do ser, que não se circunscreve apenas ao amontoado de células e de cartilagens na sua constituição molecular.

Caminhando com o desenvolvimento do indivíduo, surgindo no instante do desabrochar do pensamento, esses conhecimentos têm avançado através dos milênios, convidando à reflexão e ao direcionamento dos seus passos, no rumo de mais elevada conquista que o liberte do primarismo.

Etapa a etapa, o Espírito ascende no rumo da sua destinação gloriosa.

Tal saga – a do conhecimento dos valores eternos – é resultado da inspiração que os imortais sempre proporcionam aos seus companheiros de romagem terrestre.

Através das comunicações espirituais foram ministradas as instruções a respeito da preexistência e da sobrevivência da vida aos fenômenos do nascimento e da morte, insculpindo o mecanismo evolutivo do ir-e-vir ininterrupto, graças ao qual, da ganga bruta da matéria se libera o anjo que nela jaz adormecido, pela reencarnação.

Nas culturas mais primitivas, em conceitos de metempsicose, a reencarnação esplende, mesmo que em moldes agressivos, típicos do período em que aquelas se desenvolviam, demonstrando a inexorável *Lei de Justiça*, que premia e que disciplina a cada um conforme as atitudes que haja mantido em relação a si mesmo e aos Códigos Soberanos da Vida.

Em inumeráveis tribos bárbaras, o conceito da metempsicose apresentava-se como forma inexorável do processo de conquista dos valores de crescimento, libertando-as da agressividade e do primarismo, enquanto insculpia a doçura e a harmonia.

O ser ascende a duras penas, lapidando as arestas e aprimorando os sentimentos no contato com as experiências que nele fixam os valores que lhe devem constituir processos de sublimação no rumo da sua imortalidade.

Criado por Deus e programado para a fatalidade do bem, do bom, do belo e do perfeito, todo o percurso que lhe está destinado terá que ser conseguido mediante a eleição espontânea, o livre-arbítrio de que desfruta, constituindo um mecanismo de justiça equânime para todos, assim evitando os diferencialismos característicos das doutrinas ortodoxas e preconceituosas.

A reencarnação se apresenta como a solução legítima para todos os problemas que surgem no comportamento dos indivíduos como dos grupos sociais, estabelecendo processos de dignificação humana ao alcance de todos.

Esse admirável conceito filosófico – que pode ser demonstrado pela experimentação de laboratório – constitui, por si mesmo, o mais eficiente processo de ascensão dos Espíritos, que jamais estacionam definitivamente, nunca retrocedendo, porquanto as conquistas adquiridas em uma etapa se transferem automaticamente para outra, armazenando na sua memória extrassensorial ou perispiritual os valores adquiridos.

Com muita propriedade afirmava o professor Francis Bowen, eminente filósofo da Universidade de Harvard, que aproximadamente noventa e oito por cento dos átomos do corpo humano são substituídos por outros, como consequência do ar, do alimento e da bebida indispensáveis à sua manutenção durante o período de um ano. No entanto, esse percentual aumenta para cem por cento, após cinquenta e três semanas. Assim sendo, um indivíduo de setenta e cinco anos já transitou por setenta novos corpos incluindo os cérebros. Mesmo se considerando que os neurônios cerebrais não se incluam nesse processo, muito dificilmente se poderia conceber a possibilidade da permanência inalterada da personalidade, da individualidade, tanto quanto das conquistas do caráter, da inteligência, da emoção.

Por sua vez, William James, filósofo e psicólogo americano, pai do pragmatismo, elucidou que se pode "conceber um mundo mental por detrás do véu, em uma forma tão individualista como se queira, sem prejuízo algum para o esquema geral com o que está representado o cérebro como um órgão transmissor..."

Certamente, o nobre estudioso do comportamento humano e do pensamento em geral se liberta do organismo cerebral propondo uma realidade de natureza mental, que se transfere de uma para outra forma carnal, no desempenho da sua função de crescimento, adquirindo maior soma de informações, porquanto uma existência única é insuficiente para tanto.

A visão primária da metempsicose, portanto, própria para a cultura primitiva, a pouco e pouco cedeu lugar ao conceito da reencarnação, que propicia o mecanismo evolucionista sem retrocesso, facultando ampliação de horizontes mentais e morais em contínua ascese espiritual.

Para que o homem primitivo pudesse conceber a Divindade, tendo em vista o nível do seu pensamento, teria que remontar ao esquema antropomórfico, representando-a mediante os padrões do próprio intelecto, dos seus tormentos e necessidades, assim, portanto, formulando conceitos punitivos ou gratificadores.

De acordo com a conduta vivida e experienciada, o ser retornaria em expressões vivas da Natureza.

De alguma forma, estava embutido o princípio da realidade evolucionista, mediante o qual o psiquismo *dorme* no mineral, *sonha* no vegetal, *sente* no animal, passando a *pensar* no ser humano, quando os fatores orgânicos lhe permitem a aquisição da inteligência – nele inata – e dos sentimentos que se encontram em latência, conduzindo-o à sublimação.

A crença na reencarnação está tão arraigada na história do pensamento, que alguns arqueólogos acreditam que na Nova Idade da Pedra, aproximadamente 10.000 a 5.000 anos a.C. os cadáveres eram enterrados em posição fetal, a fim de facilitar-se o próximo renascimento dos seres que os habitaram.

Essa crença se firmava na suposição de que aqueles povos, com tais costumes funerários, haviam sido elaborados para facultar os renascimentos em outra vida.

Como consequência dessa crença, também se acredita hoje que o asseio e a preparação proporcionados ao cadáver são, de alguma forma, a aceitação de que o ser irá renascer. Muitas tribos, ainda na fase primitiva da evolução, acreditavam que o renascimento dependeria muito da forma como fora inumado o corpo anterior, no que resultavam cuidados especiais que passaram à posteridade, terminando pelos atuais processos de preservação e embelezamento antes da cremação ou mesmo do sepultamento.

Não obstante, o pensamento egípcio se apresentava díspar: para uns estudiosos, a mumificação tinha por meta preservar a forma e evitar a imediata reencarnação; enquanto que, para outros, tratava-se exatamente do oposto, facultando ao ser no retorno encontrar alimentos, objetos e pertences anteriores, facilitando-lhe o prosseguimento dos compromissos.

Superando a fase mitológica propriamente dita, característica desses povos primitivos, a reencarnação ressurgiu em conteúdos filosófico-religiosos muito bem definidos através do Zoroastrismo – doutrina derivada do pensamento de Zoroastro – nome dado a diversos mestres, havendo sido o último da série aquele que viveu nos anos setecentos a.C. e que ensinou serem as almas humanas Espíritos imortais, que desceram do Alto para atravessar inumeráveis existências terrenas em larga sucessão de corpos materiais, com o objetivo de adquirirem conhecimentos e experiências, para logo retornarem felizes ao seio da Divindade pela qual foram criadas.

Posteriormente, Heródoto, Platão e Plutarco afirmaram que a reencarnação era a crença geral do Egito, não obstante houvesse também a proposta da metempsicose, que se tratava de um método severo e grave para atemorizar os exotéricos, incapazes, segundo a crença geral, de penetrar o sentido oculto da revelação espiritual.

Já aí se percebem as claras informações concernentes ao esquecimento do passado, da existência anterior, quando o processo se dá no renascimento, proporcionando mecanismo impeditivo de aflições desnecessárias para maior facilidade ascensional.

As *Obras herméticas* são um repositório de informações a respeito dos renascimentos terrestres como fundamentais para a autoiluminação, em razão da impossibilidade do Espírito alcançar os degraus elevados da transcendência de uma única vez, bem como o conhecimento profundo em somente uma existência terrena.

O Hinduísmo, por sua vez, na condição de religião mais antiga de que se tem conhecimento em forma organizada, adotou a reencarnação como base para o processo do aperfeiçoamento do ser espiritual, sem o que o mesmo seria impossível.

O Budismo, seguindo a mesma linha de comportamento ancestral do pensamento hindu, fundamenta-se, essencialmente, na reencarnação, que faculta o desdobramento dos valores inatos no ser profundo, propiciando-lhe a libertação do mundo das ilusões e a perfeita integração na plenitude que lhe está reservada desde o momento da sua criação.

A recordação das existências passadas deixa de ter qualquer significado nessa Doutrina, em face do próximo despertar do Espírito após o fenômeno da desencarnação.

A sua meta, que é o encontro com Brahma, constitui o estímulo essencial para o renascimento, sendo de secundária importância saber o que haja ocorrido anteriormente.

O *carma*, por sua vez, é a causalidade universal, de modo que cada ação traz um efeito inevitável que deve ser reparado – quando negativa a atitude – ou estimulador e progressista – quando se fundamenta em edificações morais, artísticas, intelectuais e tudo quanto promova o indivíduo e a sociedade.

Desde o século IV a. C. o Taoísmo, que é um caminho, complementando o confucionismo e o budismo chinês, afirma que o *Tao sempre existiu, antes mesmo que o céu e a terra, e que continuará existindo, sem forma, solitário, sem mudanças, chegando a toda parte sem sofrer danos de qualquer natureza, eterno, como a mãe do Universo. Tudo mais é um fluxo contínuo.*

Afirmava o eminente Chuang Tzu, aproximadamente 300 anos a.C., um dos seus primeiros filósofos que: "Haver alcançado a forma humana deve ser sempre uma maneira de possuir alegria, para depois passar por incontáveis transições, tendo pela frente unicamente o infinito... que bênção tão incomparável!"

Algumas escolas muçulmanas admitem a reencarnação e propõem-na como método edificante para alcançar o Paraíso, afirmando o retorno de Mohammed al Muntazar (Maomé), que houvera *desaparecido* no ano de 878, e que prossegue vivo, devendo retornar para salvar o mundo.

De alguma forma se assemelha ao *Consolador prometido* por Jesus, que se encontra vivo no Espiritismo.

O Sikismo, de origem mais recente, por volta do aparecimento de Nanak, que nasceu no ano de 1466 – ele próprio afirmava haver renascido antes inúmeras vezes, havendo realizado muitos atos bons e maus – propõe a roda do *samsara*, da qual se deve desvencilhar o Espírito, a fim de crescer e desenvolver os valores divinos nele jacentes, por meio de ações boas, do respeito às Leis de Deus, mediante a oração, todos eles métodos eficazes para o desiderato libertador.

Na Grécia, Ferécides foi o primeiro pensador a referir-se à reencarnação em sua *Teologia* conhecida como *Sete Adyta*, havendo sido o mestre de Pitágoras, que reproduziu essa crença na sua *Escola de Crotona*.

O próprio Pitágoras acreditava haver sido também Euforbus, ferido por Menelau em Troia, como também Hermotimo que, estando em um templo de Apolo, reconheceu o escudo de Euforbus, e, mais tarde, Pirro, um pescador da Délia.

Píndaro, e principalmente Platão, não apenas acreditavam na reencarnação como a divulgaram, este último especialmente inspirado no seu mestre Sócrates, deixando clara a sua crença nas memoráveis obras *A República, Fédon, Menón, Timeu* e *As leis*, nelas ensinando a imortalidade da alma, assim como o seu trânsito em um número ilimitado de renascimentos, para retornar ao mundo das ideias, após conquistadas a beleza, a verdade e a bondade, que se adquirem no transcurso das experiências evolutivas.

Segundo Platão, a eleição de antigos amigos, parentes e afetos resulta da determinação de suas próprias realizações, sabedoria e conquistas morais.

Em Roma, a reencarnação gozou de alto respeito entre os muitos filósofos, entre os quais Possidônio e Virgílio, este último estabelecendo que as almas depois de peregrinarem pelos abismos sorvem a água do Letes – rio do esquecimento – para retornarem ao corpo. Salústio, por exemplo, ensinava que as aflições atuais congênitas são decorrência natural das experiências passadas.

Mais tarde Fílon, judeu de Alexandria, confirmou a reencarnação, explicando que Deus criou as almas puras e que elas passaram a eleger entre a bondade e a maldade – livre-arbítrio – dando início ao ciclo reencarnatório.

Com o advento do Cristianismo, a reencarnação encontrou fundamentos admiráveis nos enunciados de Cristo, particularmente no seu encontro com Nicodemos; na revelação a respeito do retorno de Elias como João Batista; nas referências ao resgate das dívidas e suas consequências; no caso do *nado cego* e noutros exemplos fecundos.

As promessas de Jesus se fundamentam na Justiça divina, na qual se encontra presente a *doutrina dos renascimentos*, facultando a reabilitação dos equívocos – autoperdão – e a autopromoção pelas ações nobilitantes, que constituem a grande demonstração do Amor de Deus a todas as Suas criaturas.

Em momento algum, nos seus ensinamentos, se encontra qualquer reproche aos renascimentos orgânicos, nos quais o Espírito assume a oportunidade de crescimento e autoiluminação.

Prosseguindo com os testemunhos favoráveis à reencarnação, o neoplatonismo, que surgiu no ano de 193 d.C., fundado por Amônio Saccas, ofereceu grande número de pensadores e *pais da Igreja*, que demonstraram teologicamente a sua realidade.

Pode-se citar, por exemplo, Orígenes, que afirmava viverem as almas sem os corpos, que teriam esses últimos uma existência secundária, considerando que a vida verdadeira é aquela de natureza espiritual.

Plotino, por sua vez, igualmente discípulo de Amônio Saccas, confirmava ser a reencarnação o processo depurador para aqueles que se equivocam e tombam em erros. No entanto, influenciado pela metempsicose, procurava elucidar que os maus retornam em *formas inferiores*, de plantas e animais, o que não corresponde à legitimidade do processo de evolução. Talvez esse conceito esotérico tivesse como objetivo convidar os exotéricos a temerem a Justiça, ante a falta de maturidade psicológica para entenderem as soberanas diretrizes do amor.

Porfírio, consciente da multiplicidade das existências físicas, esclarecia, explícito, que o ser *que experimentou as diferentes vidas (existências) melhores e piores, se torna um juiz mais vigoroso do que aquele que somente conheceu uma [...]. Aquele que vive* – prossegue informando – *de acordo com o intelecto [...] passou através da vida irracional...* Também informava que *as almas dos filósofos depois da sua peregrinação estavam libertadas para sempre, porque depuradas pela reencarnação.*

Jâmblico, por sua vez, explicava que as aparentes injustiças decorrem da conduta mantida em experiências anteriores, porque os *deuses* veem tudo e tomam as providências compatíveis para o processo da evolução irrefragável, no qual estão mergulhadas as criaturas.

São Gregório Nazianzeno confirmou a progressão dos Espíritos através da reencarnação, o mesmo ocorrendo com São Jerônimo, na sua *Carta a Avitus*, afirmando, ademais, que a mesma era praticada e aceita pelos cristãos primitivos.

Macróbio apresentou a alma como um ser puro, ao ser criada, que desce para experimentar a contingência da matéria e retornar ao seio de onde se originou, novamente purificada de qualquer imperfeição.

Próclus, demonstrando esse processo de crescimento espiritual, afirmou que o Espírito pode renascer *em um ser bruto, porém nunca na condição de bruto.*

Celtas e gauleses deram prosseguimento à crença na reencarnação, através dos ensinamentos druídicos, prosseguindo nos gnósticos, tais os cátaros ou albigenses.

A partir do Concílio de Constantinopla, a reencarnação tornou-se doutrina herética, graças à petulância do imperador Justiniano que convocou a assembleia, abrindo espaço para as perseguições que tiveram lugar mais tarde através da Inquisição e de todos os mecanismos da intolerância medieval, que se prolongaram até a Idade Moderna.

No entanto, não existe qualquer condenação promulgada contra a crença na reencarnação na Igreja Católica, em concílios ou mesmo através de encíclicas, ou outros documentos oficiais do seu credo, senão por meio de opiniões esparsas e periódicas.

Embora houvesse sempre críticas à reencarnação, por parte de outros *pais da Igreja*, assim como diferentes filósofos e cépticos, ela permaneceu viva através dos séculos, reaparecendo nas mais diferentes culturas.

A crença na reencarnação ressurgiu, mesmo durante a Idade Média, sem desaparecer de todo durante o período das perseguições, no pensamento e na poesia de *Dante*, quando, no *Paraíso*, afirmou o bardo: – *Regressou do Inferno aos seus ossos [...] a gloriosa alma retorna à carne onde morou por algum tempo.*

A família Médici, graças às traduções realizadas por Marcílio Ficino – que atualizou o pensamento de Plotino,

Jâmblico, Sinésio e outros, abrindo espaço para a sua divulgação – muito estimulou a credibilidade na reencarnação.

Giordano Bruno defendeu-a, passando a aceitá-la.

Erasmo, o cardeal Nicolau de Cusa e incontestáveis pensadores, dentre os quais, o conde de Saint-Germain, na corte de Luís XIV, Van Helmont, Leibnitz e Voltaire, asseverando este último que *não é mais surpreendente nascer duas vezes que uma*, foram defensores da reencarnação.

Em a Natureza tudo é ressurreição.

Napoleão afirmava-se a reencarnação de Carlos Magno, enquanto Emanuel Kant comentava que acreditava no processo pelo qual as almas passavam a habitar outros planetas depois de haver concluído o seu ciclo de vidas na Terra.

Contam-se por centenas os escritores, poetas, pensadores e cientistas que declararam sua crença explícita na reencarnação, em face da justiça do processo evolutivo, dentre os quais, para citar-se apenas alguns: Honoré de Balzac, Emerson, Longfellow, Edgar Allan Poe, Tennyson, Thoreau, Walt Whitman, Bulwer Lytton, George Elliot, James Joyce, Walter Scott, Thomas Carlyle, Lowes Dickinson, Jack London, Soren Kierkegaard, Tolstói, Gustav Mahler, Robert Browning, Rudyard Kipling, Thomas Moore, Thomas Edison, Victor Hugo, Gustave Flaubert, Edouard Schuré, Oscar Wilde, Francis Thompson, Yeats...

Sem a reencarnação, como entender-se a diferença de destinos, os comportamentos, as tendências e inclinações, tendo em vista que todas as almas teriam sido criadas no mesmo momento e estavam destinadas à eleição do seu futuro através de uma conduta que não se coaduna com as suas próprias possibilidades? De que recursos disporão um demente, um esquizoide, uma vítima de ocorrência teratológica ou outra qualquer, cuja capacidade de discernimento esteja bloqueada por insuficiência ou degenerescência? Ademais, como conceber-se que o *sangue do Justo* resgatou todos aqueles que não puderam ser batizados ou tiveram impossibilidade para filiar-se a este ou àquele culto religioso, no qual encontrariam os elementos salvacionistas?

As terríveis manifestações dos destinos, em suas desigualdades chocantes, não podem ter início na Vontade divina para testar as frágeis criaturas incapazes de eleger o quê e o como agir. Ainda aí consideremos que um ser finito, ao errar, não se pode fazer credor de uma punição infinita, qual ocorre com aquele que vai atirado aos infernos sem remissão. Na punição eterna vemos, igualmente, que o infinito Amor de Deus falhou, porque não pôde poupar o ser que criou *à sua imagem e semelhança*, do que seria a fragilidade que conduz em si mesmo, o que implica reconhecer que a perfeição também criou a imperfeição, o amor gerou o desamor, o bem produziu o mal...

Deus *aspira* para a Humanidade a perfeição, que lhe reserva, porém facultando que cada qual a consiga a esforço pessoal, o que dá dignidade ao Espírito que luta e se esforça.

A genialidade precoce, as aspirações do belo e do nobre não podem ter origem igual às expressões degenerativas para o crime, a destruição...

Criado em sua simplicidade, porém portador de todo um potencial que dorme no cerne, o Espírito avança a esforço próprio, erguendo-se, etapa a etapa, até culminar na glória solar mediante a reencarnação.

Diante dos conflitos comportamentais e dos dissabores morais, das angústias e dos complexos perturbadores, dos tormentos emocionais e ansiedades, das enfermidades dilaceradoras, degenerativas, irreversíveis, dos ódios e dos amores profundos, das desconfianças injustificáveis, da arrogância, do orgulho, do exacerbado egotismo, do primitivismo e da sabedoria, da delicadeza e da brutalidade, da nobreza e da vilania, dos gestos de santificação e de bestialidade que vigem simultaneamente, como conceber-se que todos esses seres tiveram uma só e única oportunidade?

A reencarnação é a chave para explicar, não apenas essas, senão todas as ocorrências que diferenciam os indivíduos, mesmo que se buscando a explicação genética para a maioria dos fenômenos orgânicos, mentais e comportamentais, em razão de ser ela um efeito da eleição do Espírito, que molda, através do seu perispírito, o envoltório de que necessita para resgatar, reparar e crescer.

O ser é o responsável pelo próprio destino, elaborando, ele próprio, a indumentária carnal indispensável ao seu processo iluminativo, pelo qual todos passam.

A documentação é vastíssima e enriquecedora, nas recordações espontâneas na infância; mediante os sonhos que evocam as existências passadas; nas obsessões dolorosas e destrutivas; nas comunicações mediúnicas reveladoras; no *déja-vu*, nas suas várias expressões como *entendu, éprouvé, senti* e *raconté*, que podem originar-se em uma vaga reminiscência de algo acontecido, entendido, sentido, ouvido e vivido; nas lembranças lúcidas de fatos que foram legitimamente experienciados... Além deles, a conquista do conhecimento do passado através da meditação – quando de conveniência para a evolução – ou mesmo nas perseguições espirituais que têm suas matrizes nos comportamentos infelizes do passado.

A hipnose tem oferecido admiráveis contribuições para a comprovação das existências passadas, seja ela realizada em estado de transe profundo ou superficial.

Os anúncios da reencarnação constituem verdadeiro desafio a qualquer dúvida, particularmente pelos sinais que são referidos antes da formação fetal e se tornam comprovados posteriormente.

Outrossim, as marcas atuais que confirmam a maneira pela qual desencarnara anteriormente o Espírito, constituem evidências robustas para a tese da reencarnação.

Certamente apresentam-se várias hipóteses contrárias à reencarnação, que se perdem em complexo emaranhado de teorias sem resistência para a comprovação laboratorial, não passando de possibilidades respeitáveis, sem dúvida, que no entanto, se apresentam mais improváveis do que aquela que pretendem negar ou destruir.

Mais exuberante que a personalidade é a individualidade, o próprio ser, que se apresenta em cada renascimento com características próprias, trabalhadas pelas ações transatas, preexistindo e sobrevivendo ao corpo carnal.

Em realidade, a conduta de cada ser está programando o seu futuro, que se transforma em fenômeno cármico individual, grupal ou familiar e coletivo de cidades e nações, como processo de depuração ou de felicidade para quem os engendra.

Em toda essa conduta, o esquecimento do passado constitui bênção que não pode ser desconsiderada. Isto porque, exceção feita à liberação de determinadas aflições ou dos propósitos superiores de crescimento iluminativo, esse olvido ajuda na seleção de valores, na escolha de realizações, porque todos se encontram conduzidos, de certo modo, pelas reminiscências inconscientes, que ressurgem como tendências, aptidões, idiossincrasias, interesses ou indiferenças que induzem à seleção de comportamentos, profissões, realizações.

Se as lembranças permanecessem, particularmente aquelas que assinalam os momentos infelizes – tragédias, prejuízos, crimes, angústias, dissabores – haveria um desequilíbrio homeostático – psicofísico – no ser, e, portanto, a impossibilidade de dar continuidade ao seu processo de evolução, por tornar-se impróprio o renascimento, senão prejudicial.

Da mesma forma, as recordações das alegrias, da felicidade, dos momentos de júbilo e amor, de encantamento, produziriam uma imensa saudade, senão desespero pela perda daquelas oportunidades ditosas diante das afligentes, que devem ser vividas na atualidade.

As justificativas que pretendem apresentar as lembranças como positivas para melhor seleção de companheiros, de condutas, não procedem, em razão do egoísmo que predomina em a natureza humana, ao mesmo tempo levando aqueles que se lembrassem da existência passada a recordar-se também de todos quantos estiveram ao seu lado, que conviveram e, portanto, evocando-lhes as debilidades, os erros, os gravames.

A mente subconsciente libera as reminiscências úteis ao programa de elevação, tanto no que se refere aos bons como aos maus acontecimentos, auxiliando, sem imposição, na construção de melhores dias para o futuro.

Todos devem experimentar os momentos nobres como os mais primários, a fim de fixar nos refolhos do ser aquilo que edifica e o que perturba, selecionando aqueles que lhe servirão de guia para sempre.

A ignorância, o desconhecimento respondem pelos sofrimentos humanos, gerando as dores que chumbam o ser ao solo do primarismo. À medida que se esclarece, eleva-se e desenvolve todo o potencial de amor que permanece aguardando o instante próprio para revelar-se.

O conhecimento lúcido é o caminho correto para a elevação espiritual, principalmente quando as forças do amor trabalham as asas da angelitude.

Por isso mesmo, no intervalo das reencarnações, de acordo com o estado evolutivo, o Espírito vive outros estágios que o preparam para o renascimento físico, quando participa do mundo ativo da erraticidade, programando as futuras experiências, acompanhando o processo de desenvolvimento cultural, moral e espiritual, que lá vive e deve ser transferido para a vivência carnal, promovendo o mundo e os seus habitantes.

Esse período pode ser breve ou largo, de acordo com as necessidades de cada qual, constituindo oportunidade de refazimento mental, de depuração preparatória para a próxima etapa carnal.

O conhecimento da reencarnação confere responsabilidade, em vez de acomodação, proporciona comportamento dinâmico ao revés de estático, por facultar a consciência de que o processo evolutivo se dará conforme a eleição pessoal.

Quando isso não sucede – a seleção de valores do bem – o sofrimento se instala, ocorrendo a necessidade urgente de transformar-se, o que se torna processo doloroso que pode e deve ser evitado.

Esse mecanismo – o da reencarnação – faculta a conquista do amor, porque é elaborado por Deus, Todo Amor, atraindo as Suas criaturas para a plenitude a que lhes destina.

Por sua vez, o processo reencarnatório ocorre quando o espermatozoide fecunda o óvulo, prolongando-se até os albores da adolescência, quando se fixam as características complementares anexas da sexualidade.

A consciência, portanto, de que se está construindo o futuro, é o estímulo adequado ao prosseguimento das lutas de qualquer natureza, ensejando paz e alegria de viver.

Antes, portanto, de qualquer acaso, cumpre ao indivíduo reflexionar cuidadosamente a respeito das suas consequências, mediante as quais elabora as cadeias fortes que o jungirão ao recomeço doloroso ou sublimarão a forma, transformando-a em essência que ascenderá no rumo da libertação.

22
Pluralidade de mundos habitados

Em face do reiterado interesse manifestado pelo homem para documentar-se quanto à possibilidade de vida em outros planetas, particularmente através dos estudos efetuados mais recentemente pelo robô *Sojourner*, que foi conduzido pelo foguete *Pathfinder*, em direção do planeta Marte, a fim de confirmar-se a suspeita de que os meteoros caídos na Antártida seriam dele procedentes, mediante acurado estudo e comparação molecular com as rochas lá existentes, a questão se apresenta desafiadora.

Os astrônomos, entusiasmados com esses fragmentos de pedras, que passaram a ser identificados sob a sigla SNC, esperavam que as análises encetadas no *planeta vermelho* viessem determinar que as fissuras neles existentes, caso procedessem dali, poderiam ser registros de seres microscópicos, o que significaria presença de alguma forma de vida, num passado de pouco mais de três bilhões de anos...

Os resultados dos exames das rochas marcianas, porém, foram algo frustrantes, porque demonstraram que as suas eram semelhantes às da Terra, portanto, diferentes dos fragmentos dos meteoros sob observação.

A vida, que parece repetir-se sempre, tem, no planeta terrestre, características próprias à sua constituição, portanto, expressa na forma humana, conforme conhecida, e nas demais que resultam dos fatores mesológicos propiciatórios à sua manifestação. Variando as condições ambientais, sem dúvida, ei-la que se apresenta de acordo com os diferentes padrões característicos das adaptações e necessidades evolutivas.

Ademais, considerando-se que a vida não é somente o conglomerado celular, mas que está presente no campo de energia onde se movimenta o *princípio inteligente*, não necessitando, portanto, de matéria para existir, essa se lhe torna somente um acessório oportuno para desenvolvimento dos valores latentes.

Observando-se, porém, o Universo, detectam-se aproximadamente mais de cem bilhões de galáxias, sendo que aquela na qual se encontra a Terra é constituída de duzentos e cinquenta bilhões de estrelas, qual nuvem de *poeira sideral* espraiando-se pelos espaços imensuráveis do Cosmo.

Segundo alguns estudiosos, especializados em Astronomia, nossa galáxia teria a forma de um hiperboloide tetradimensional, que mereceu de Albert Einstein a conceituação de ser um hipercilindro tetradimensional, com uma extensão de cento e vinte mil anos-luz e um diâmetro de trinta mil anos-luz.

Nesse colosso, o Sistema Solar quase não tem significado, podendo ser considerado um *perdido grânulo de pó*, sem qualquer sentido astronômico.

Reflexionando-se que o *Big Bang*, que teria dado início ao Cosmo, ocorrera há quinze bilhões de anos – dado, aliás, muito discutido, em razão de haver-se detectado estrelas cuja origem remontaria a época muito mais recuada – partindo-se da premissa materialista de que todos os astros

Dias gloriosos

aí se originaram, aqueles que se hajam deslocado do epicentro e conseguido condensar-se com maior anterioridade do que a Terra possuiriam condições específicas para manifestar a vida, que agora estaria em um estágio mais adiantado do que a do homem contemporâneo.

Desse modo, em nossa galáxia, se for levada em conta a possibilidade de que ao redor de cada estrela se apresentam em órbita gravitacional alguns planetas, seria óbvio supor-se que se encontrariam na ordem de milhões aqueles que manifestariam vida dentro dos padrões conhecidos, desde que a sua origem ocorreu no fulcro central de onde surgiu também o orbe no qual evoluímos.

A Terra pequenina, porém, se nos apresenta gigantesca, em razão de possuir uma massa de significativos seis sextilhões de toneladas, que representam, por centímetro cúbico, uma massa específica de 5,5 gramas. No entanto, o Sol que a vitaliza é maior um milhão e trezentas mil vezes, constituído por uma massa trezentas e trinta e três mil quatrocentas e trinta e duas vezes mais volumosa.

Por sua vez, o Sol é muitas vezes menor do que as estrelas de primeira grandeza como Canópus, Sírius, Betelgeuse, Antares, que em triunfo entoam um hino de glória à Criação.

Avançando na análise e penetração dos insondáveis abismos siderais, os mesmos astrofísicos detectaram os quasares azuis, que são fontes quase inesgotáveis de radioenergia, que se localizam distantes uns dos outros em média cinco a dez bilhões de anos-luz. A radioenergia que exterioriza cada um deles corresponde em um segundo à que decorre da desintegração de um bilhão de sóis.

Cuidadosas investigações demonstram que o Universo continua expandindo-se e, ao mesmo tempo que partículas prosseguem distanciando-se do epicentro que lhes deu origem, outras já se encontram viajando de retorno ao núcleo.

Velozmente avançando no conhecimento do Cosmo, descobriram também que todo ele é resultado de peculiar substância negra, ainda não fotografada, porque invisível, no entanto, responsável por quase tudo quanto nele existe. Tal substância, em razão da sua peculiaridade, seria constituída de neutrino – micropartícula concebida pelo físico alemão Wolfgang Pauli, em 1930, e somente detectada por fotografia de alta velocidade em região muito profunda do solo, no ano de 1955 – e que, embora considerada matéria, é destituída de massa, de campo magnético e de campo elétrico, não obstante presente em todo o Universo.

As observações mais audaciosas através de imagens captadas e transmitidas pelo telescópio Hubble, em órbita terrestre, registaram o contínuo surgimento de novas galáxias e o aniquilamento de estrelas e outros conglomerados absorvidos pela força gravitacional dos denominados *buracos negros*.

Qual seria, perguntar-se-ia, a finalidade de um Universo desconhecido, infinito e em desenvolvimento incessante, nem sequer concebido em toda a sua grandiosidade, caso não exista vida fora da Terra?

Após essa questão outras surgiriam, como por exemplo: existirá apenas um Universo, ou além do infinito relativo existirão outros? E antes da sua existência, que havia?

A conceituação materialista sonha com a presença de forças que se anulavam interminavelmente nesse *nada* antes existente, até o momento em que *algo* modificou um dos campos e houve a grande explosão que assinala o início de tudo.

E a imaginação perde-se em conturbadas buscas para negar a Causalidade universal inteligente, geradora dos efeitos conhecidos e de outros ainda não detectados, exclusivamente com o desejo mórbido de tudo reduzir ao caos.

Apesar da teimosa e continuada obstinação negativista, paira acima de todas as dúvidas a lógica derivada da razão, afirmando que a vida não é patrimônio do acaso, do vácuo, do não existente.

Como inevitável consequência, se expressa em dimensões variadas, inimagináveis, povoando todo o mundo de energia, onde quer que se apresente, e de forma inteligente em lugares que lhe propiciem o crescimento, a evolução.

Jesus, o Construtor da Terra, fitando a imensidão dos astros, já nos seus dias, asseverou com sabedoria e conhecimento de causa: *Na casa de meu Pai, há muitas moradas...* E Allan Kardec, o discípulo fiel, baseado nas comunicações dos Espíritos e na lógica irretorquível que lhe era característica, confirmou a pluralidade dos mundos habitados, que constituem moradas espirituais, pelas quais transitam os seres no rumo da sua perfeição.

Quando o homem conseguir chegar ao planeta Marte, visitando-o pessoalmente, em oportuna viagem espacial, após haver estado na Lua, onde erguerá plataformas que facultarão os audaciosos saltos, mais amplos conhecimentos terá da realidade da vida, do Espírito imortal que é, capacitando-se melhor e mais profundamente para curvar-se ante a grandeza do Criador e erguer um hino de louvor à vida, na qual se encontra mergulhado e de onde não poderá fugir.

23
MITOS E FANTASIAS

Herança arquetípica do trânsito pelos períodos iniciais da evolução do pensamento, o ser humano prossegue submetido à injunção dos mitos que se modificam na aparência, mas permanecem subjugando, impondo-se como forma de desenvolvimento cultural ou de fugas da realidade mediante expressões dos modismos que surgem amiúde.

Os vultos mitológicos do Panteão greco-romano, ou os deuses todo-poderosos da herança oriental têm ressurgido com força bastante singular nos mais diferentes períodos das transatas civilizações, tomando forma dominadora na atualidade.

O renascer de culturas bárbaras adotadas como exibicionismo pela moderna juventude, não apenas ressuscita atavismos que remanescem das suas reencarnações anteriores, ainda vivas no inconsciente, senão, também, como expressões violentas do instinto da sobrevivência, agressivo por mecanismos de defesa e de autorrealização, chamando a atenção exteriormente, a fim de ocultar os conflitos internos de cada um, a timidez, o medo da sociedade, assim formando novos grupos de identificação, nos quais se homiziam, dando largas ao primarismo neles jacentes.

Por outro lado, o mito que permanece vivo no indivíduo gera novos *deuses,* aos quais se submete, criando linguagem própria de comunicação, através da qual se sente elegido, depredando, agredindo os outros grupos sociais e consumindo-se na alucinação das drogas em terríveis estados de consciência alterados, que se manifestam em desequilíbrio e em morte.

O exacerbado *culto ao corpo* evoca o helenismo subjacente e os ideais dos gladiadores nas arenas, conquistando glórias enquanto matavam, promovendo o *ego* destruidor em detrimento do *Self* profundo e realizador.

Quando, no passado, isso não se fazia possível, eis que os mitos dos heróis vencedores se expressavam nas guerras, convocando às intérminas batalhas de destruição, nas quais a astúcia, a hediondez e o crime sempre tiveram predominância, expulsando a razão e a consciência, a fim de que o barbarismo predominasse esmagador.

Por outro lado, as expressões positivas dos mitos ancestrais constituíram instrumentos estimuladores para o crescimento de incontáveis gerações que se fascinavam com esses arquétipos inerentes ao ser humano, e procedentes das forças vivas da Natureza.

Em face do desenvolvimento antropossociopsicológico, a identificação do mito como recurso de evolução experimentou uma necessária releitura, concluindo-se que, na maioria das vezes, transformando-se em fantasia, afastava as mentes e as emoções da realidade, propiciando fugas espetaculares para longe da realidade, com imensos prejuízos para o amadurecimento interior.

Dias gloriosos

Parecendo haver sucumbido, os mitos perderam a força de expressão, não, porém, de conteúdo, por estarem ínsitos na história evolutiva da própria criatura.

Recorde-se que, à medida que as velhas *histórias da carochinha* e outras foram sendo deixadas à margem nos programas educacionais, a industrialização dos povos e as lutas pela aquisição consumista das pessoas produziram terríveis vazios existenciais, roubando o significado profundo da vida humana.

Ante a ausência de uma linguagem psicológica própria para preencher essas lacunas de objetivo no transcurso da vida física, foram criados novos *deuses*, conforme os padrões comportamentais do momento, mascarando muitos conflitos e dando curso à vigência de mitos que pudessem superar a *desinteressante* e cansativa jornada operacional, com a qual o ser se encontra a braços.

Ressurgiram as músicas ruidosas, primitivas, exigindo os movimentos tribais do corpo, com os acepipes da exacerbada sensualidade, favorecendo os jogos exaustivos do sexo e da embriaguez dos sentidos, como fontes de prazer e abismos de esquecimento da responsabilidade de consciência perante as exigências da evolução intelecto-moral.

Os desportos ressuscitaram os seus gladiadores, nos mais violentos, ou trouxeram de volta os semideuses das competições de todo gênero, empenhados em vencer sempre, sem o menor respeito pelo prazer de competir.

O profissionalismo impiedoso disseminou organizações, algumas criminosas, sem dúvida, nas quais o atleta é apenas objeto de interesse comercial, que deve ser eliminado quando já não atenda às paixões mafiosas e às dos fanáticos que os adoram, matam e morrem por eles, terminando por devorá-los também...

O exacerbar das paixões produz o delírio das massas e os mitos comandam os espetáculos, violentos uns, selvagens outros, ridículos vários, na sua quase totalidade constituídos por fantoches que são conduzidos por expertos na arte de manipulá-los.

O prazer, em tais situações, torna-se substituído pelo gozo dos sentidos apenas, que combure, atirando no desespero pela conquista de outros novos e incessantes, sem que a satisfação proporcione beleza, tranquilidade, ou harmonia.

Com predominância nos mitos da violência, que sustentam e mantêm os instintos primários, de que o homem já deveria estar libertado, os festivais da loucura arrastam multidões de delirantes que se entregam à volúpia, ao entretenimento desastroso, cujos desfechos são conduzidos pelas drogas, pela exaustão dos sentidos, pelos enfrentamentos homicidas, pela desintegração da identidade humana.

Tão cruel é essa irrupção mitológica na atualidade que muitos dos seus aficionados, ao se entregarem à dominante avalanche informativa pela mídia desregrada, introjetam o mito do poder, da glória, da força e, desenvolvendo músculos e condutas, passam a acreditar-se como predestinados à imortalidade física, ao fascínio do arrastamento das multidões que os idolatram, tornando as próprias existências insuportáveis, que somente podem continuar levando, quando mergulhados nas drogas que os abatem e consomem nas infelizes *overdoses*.

No início, a busca de popularidade atira-os a todos no abismo, e quaisquer expedientes que chamem a atenção, seja através da figura abominável, jocosa, singular, exótica, dão lugar a um estereótipo que fascina os grupos desavisados, que estão sempre à cata de novidades. E ao se fazerem conhecidos, cercam-se de seguranças, disfarçam-se, em nome da privacidade que nunca tiveram, porque receiam ser descobertos, ter desveladas suas fragilidades e conflitos, somente conhecidos do grupo dos eleitos que os assessoram.

O ser humano, porém, avança para a realidade, na qual, queira ou não, se encontra mergulhado, por ser centelha viva e inextinguível.

Lentamente, porque o progresso é inestancável, passa a onda que avassala por um momento, sucedendo à outra, que também desaparecerá. A evolução impõe-se inevitável, e a busca do *si* propiciará diferente conduta, abrindo espaço para a autenticidade, para a interiorização, para o autodescobrimento.

Por muito tempo, a prevalência do mito no inconsciente humano regerá o seu comportamento. Inobstante essa presença, desenhar-se-ão programas de ascensão, mediante os sonhos de beleza, de paz e liberdade plena, que darão surgimento a futuros arquétipos que se insculpirão no inconsciente, procedendo das experiências no mundo espiritual, onde a vida estua, e ressumando na Terra, onde se desenvolverão os programas da evolução.

24
Breve ensaio sobre o mal

O bem é tudo o que é conforme à Lei de Deus; o mal, tudo o que lhe é contrário.
(KARDEC, Allan. *O Livro dos Espíritos*, questão 630)

Persiste no Espírito humano a tendência para o mal, como ressonância do primarismo ancestral das experiências transatas da evolução.

Platão identificou-a nas suas observações profundas, denominando-a como *face escura* do ser, portanto, desconhecida, e Carl Gustav Jung constatou-a nos estudos da personalidade, a que chamou de *sombra*.

Aí permanecem os impulsos da violência e da agressividade, as paixões escravizadoras, os instintos indomados que respondem pelo retardamento da autoiluminação.

Trata-se do *eu inferior*, que representa um perigo para o indivíduo, e que deve ser identificado, a fim de ser combatido com a luz do discernimento e do amor.

Quase sempre é visto nas demais pessoas como enfermidades da alma, que se responsabilizam pelos incontestáveis danos causados às outras criaturas ou à sociedade em geral.

Quanto mais desconhecido do mundo íntimo, mais perturbações e prejuízos o mal ocasiona.

O Espírito não é mau, em razão da sua origem divina, porém nele permanece o mal, como a ganga retida na gema preciosa ou o escalracho mesclado ao trigo bom na mesma gleba.

Ignorá-lo é uma forma de deixá-lo livre e em expansão, permitindo-lhe manifestações frequentes e danosas no comportamento.

Outrossim, tentar esmagá-lo através de atitudes rígidas, torna-se tarefa inútil, porquanto, à medida que for privado de exteriorizar-se, mais vigor adquire até o momento em que explodirá com virulência danosa.

Quando uma força pressiona e encontra resistência, prossegue até a liberação da sua carga, arrebentando ou sendo desarmada.

O comportamento correto em tal caso é aquele que leva à sua identificação – ao impulso – e à capacidade de resistência que possui.

No processo de desenvolvimento antropológico, o biótipo mais forte sobreviveu aos demais em razão da brutalidade, do volume e da astúcia na luta pela vida.

À medida que o homem desenvolveu a inteligência e aplicou-a para proteger-se e preservar a espécie, adquiriu o poder de vencer as feras e os animais gigantescos. Como decorrência, ficou a presença do mal nele dominante, que vem aplicando contra si mesmo – autodestruição, excesso nos vícios – e contra os outros – furtos e roubos, calúnias, perseguições, homicídios e guerras que ameaçam toda a civilização.

A fim de conscientizar-se do mal em si mesmo, faz-se imprescindível o aprofundamento do autoexame, para encontrar os pontos vulneráveis que o despertam e desencadeiam, predispondo-o para a agressão.

Todos os indivíduos são vulneráveis às aflições, que decorrem das enfermidades, das pressões, das agressões, dos distúrbios psicológicos.

Na infância, essas emoções se apresentam como movimentos desordenados, choro, refletindo a impotência da criança diante da dor, do desconforto, de alguma necessidade biológica.

Mais tarde, expressando-se como medo ou raiva, ela morde e, por fim, com maior recurso de mobilidade, bate, golpeia, foge ou planeja desforço.

Conforme o ambiente, a família, e particularmente a mãe, com quem mantém maior convivência, o mal, que é inerente na infância, ou se desenvolve, tomando vulto ou dilui-se em grande parte.

Na idade adulta, em razão de outros sentimentos, como vergonha e culpa, que geram tensão, aumentam o medo e a raiva, estimulando à prática do mal, como vingança ou forma cruel de sobrevivência.

O mal pode ser considerado uma emoção de emergência, que irrompe com violência quando teme, ou permanece em silêncio, agindo soturnamente e perturbando aquele que lhe experimenta a constrição.

Quando o mal se manifesta em ação, estimula o sistema nervoso simpático suprarrenal, que fornece energia para a ação nefasta – a luta – ou para a fuga, até que uma oportunidade própria se lhe desenhe favorável, a fim de descarregar a tensão.

À medida que aumenta essa força e não se faz liberada, o medo se transforma em raiva, que cresce até tornar-se fúria, que pode, às vezes, levar ao pânico.

A criatura teme a dor.

Tudo que a conduz ao sofrimento, se não tem o medo sob o controle da verdade e não domina a raiva, no mal se exterioriza para agredir e relaxar-se.

Certamente, a vontade não tem maior ação sobre o medo, que irrompe com ou sem motivo lógico e apavora, mas possui grande ascendência sobre a raiva que pode ser administrada.

A raiva não pode ser considerada uma manifestação destrutiva, mas sim uma reação orgânica, porquanto desaparece quando lhe cessa a causa.

Quando o indivíduo se vê sitiado, o mal nele existente se transforma em fúria, que tudo arrebenta e destrói.

A fúria enceguece, obliterando o raciocínio e anulando a vontade.

A culpa sempre irrompe após as atitudes que afligem as demais pessoas, causadas intencionalmente ou não.

De início, é um sentimento de vergonha da própria inferioridade, que cresce e se transforma.

O desabrochar do sentimento de culpa proporciona a sensação de haver perdido o respeito que inspirava a afeição, gerando desconfiança e instabilidade.

A vergonha da ação praticada produz humilhação e rejeição, empurrando para o desconforto emocional e as suspeitas infundadas, em batalha mental constante que aturde o ser.

Quando se trata de uma pessoa madura psicologicamente, desperta e procura os meios para a reparação. Porém, quando se é infantil emocionalmente, foge-se, tomado pela vergonha do erro, procurando mecanismos de autojustificação ou de autopunição, que desencadeiam o mal adormecido e faz que se converta em mágoa contra si mesmo ou contra aquele que foi o seu causador.

A falta de responsabilidade induz à acusação a outrem, por haver criado as circunstâncias que desencadearam o incidente, mesmo que não existam. É esta uma forma infantil de o infrator autojustificar-se.

O conflito predominante no ser impede-o de discernir com claridade, sendo sempre a culpa das outras pessoas, quase nunca dele próprio.

Um dia, porém, surge, em que o mal libera a consciência e a percepção racional corrige o entendimento do fato, advindo a necessidade da reparação.

Igualmente, quando se padece de insegurança e medo, a ação negativa se transforma em mecanismo de autopunição, transtornando o comportamento psicológico.

A vergonha e a culpa devem ser trabalhadas com espontaneidade, com segurança, a partir do momento em que a pessoa se considere humana, portanto, sujeita a julgamentos e atos equivocados, que pode e deve corrigir.

A descoberta do mal interior, que se disfarça com as roupagens de sentimentos variados, contribui para a sua erradicação, terapeuticamente investindo-se na saúde emocional, espiritual e comportamental.

Não se trata de um empreendimento fácil, nem rápido.

A eliminação de um condicionamento ocorre mediante o esforço de substituí-lo por outro, no caso, um que seja saudável e benfazejo.

Qualquer espaço em aberto se preenche com facilidade, ou fica vulnerável à reinstalação do hábito anterior.

A cada impulso negativo do mal existente, deve-se aplicar uma formulação racional, tranquila, que transforma a reação agressiva ou vil em ação dignificante e paciente.

A personalidade é um abismo ainda desconhecido com *mistérios* complexos para serem desvendados.

No inconsciente do ser dormem milênios em que se encontram os impulsos automáticos, que a razão vem superando, mas necessitam ser decodificados, para, logo diluídos, cederem lugar às ações edificantes.

Herdando as experiências transatas, o ser humano fixou-as no consciente que, de alguma forma, passa a dirigir-lhe a conduta nesse árduo trânsito para a autoconsciência, quando poderá e saberá agir com equilíbrio, respeitando a *Lei de Deus* e tudo realizando conforme as suas disposições.

O mal é a ausência do bem, sem dúvida, que ainda não se instalou e que contribui para agredir a vida, perturbá-la e até tentar extingui-la.

A sua existência é real, enquanto permanece afligindo e gerando a dor, que induzirá, por fim, aquele que o experimenta, a uma radical mudança de conduta.

Negar-lhe a *realidade* constitui perigosa forma de escamoteá-lo.

Essa natureza do *eu inferior* deverá ceder lugar à totalidade do Eu superior.

O mal é, desse modo, um impulso inconsciente, automático, que emerge do *abismo* do ser, como mecanismo de sobrevivência, e lhe desata tendências perturbadoras, que se lhe encontravam jungidas.

Residindo no imo, tais tendências são psicogênicas, e os fatores externos não as produzem, sejam quais forem os estímulos que se apresentem. Esses somente serão aceitos mediante ressonância por sintonia de onda vibratória que os sincronize.

Muitas imagens perversas e vulgares da propaganda pela mídia, que a diversos perturbam, a outros, de maneira alguma sensibilizam.

Quando há, porém, o impulso latente do mal, os estímulos externos despertam-nos ou vitalizam-nos, caso já se encontrem em ação.

Na terapia para a diluição do mal, o amor exerce função essencial, por oferecer segurança àquele que se faz vítima da distonia produzida pelo instinto, auxiliando-o a educar a vontade, a corrigir a óptica pela qual observa a vida e a faz avançar na ação do bem, etapa a etapa, desde que essa mudança não se dê de chofre ou sob o encantamento do entusiasmo de um momento.

Exercícios mentais de reflexão em torno de pensamentos edificantes, análises sobre vidas abnegadas, contribuem para a instalação de paisagens otimistas no ser, onde se pode respirar o bem-estar, sem os aguilhões da inveja, do egoísmo, da agressividade.

O autoexame dos atos e a vigilância na conduta igualmente facultam o clima para a preceterapia libertadora, que eleva o Espírito e o envolve em vibrações superiores que o penetram e desalgemam do mal, a fim de que possa aplicar--se ao bem, *conforme a Lei de Deus*.

25
A BUSCA ILIMITADA

A ignorância presunçosa responde por incontáveis males que afligem o ser humano. Não apenas aquela que resulta da falta de instrução, mas, sobretudo, a que se traveste de conhecimento geral e profundo em torno de questões com as quais não está familiarizada, fingindo tudo saber, por efeito de algumas informações que lhe são peculiares.

Arrogante, o pseudossábio é tão perigoso no relacionamento social, quanto aquele que se encontra no aprendizado mais simples, desconhecendo as questões que lhe são apresentadas. Este, porque destituído de fatuidade, abre-se ao conhecimento, e mais do que instruir-se, adquire a dimensão de quanto necessita aprender, predispondo-se para o mister. O outro, aquele que se acredita possuidor da verdade, que tudo filtra pelos deficientes equipamentos que o envaidecem, põe a perder muitas florações de esperança e de amor, somente porque não lhe parecem compatíveis com os seus critérios de compreender o mundo e ampliar-lhe os horizontes.

Tornando-se mesquinho, na descabida vaidade, arremete com falsa superioridade contra tudo quanto lhe fere a susceptibilidade, especialmente em torno de assuntos que ignora e não tem a sabedoria de reconhecê-lo, fingindo-se hábil em todos os setores.

Segundo pensam, em seu estágio egocêntrico, o mundo terá dificuldade de continuar depois que eles passem no carro transitório da carne.

Defensores das próprias ideias, mistificam, informando que estão a soldo dos ideais libertários e culturais da Humanidade, por isso mesmo eludindo-se da vivência dos postulados e tornando-se palradores inveterados, que se atribuem deveres de salvar as pessoas ingênuas e, para eles, submissas à astúcia de outras, astuciosos que também o são.

O homem inteligente na Terra compreende, desde cedo, quanto necessita de crescer e desenvolver-se humildemente perante o Cosmo. Não cessa de estudar nem de experimentar, respeitando em todos os indivíduos os seus recursos e mais se empenhando em adquirir conhecimentos novos, sempre que se lhe deparem oportunidades adequadas.

Não agride nem recalcitra, abrindo-se sempre a todas e quaisquer informações, porquanto reconhece que, apesar de muito bem instruído em determinados assuntos, outros lhe são totalmente desconhecidos.

No que diz respeito às questões espirituais, o imenso campo se desdobra, rico de paisagens que aguardam ser conquistadas, não estando, ninguém, no mundo, em condições de estabelecer paradigmas e definições últimas, por lhe escaparem possibilidades para tanto.

O vocabulário humano, por mais fértil e complexo, é insuficiente para descrever as causas da realidade, observando apenas os efeitos.

A pobreza da linguagem não possui as tintas – vibrantes umas e delicadas outras – para decodificar as maravilhosas impressões que são captadas pelos limitados sentidos orgânicos.

Como falar de questões desconhecidas mediante termos comprometidos? Como definir emoções não vivenciadas através de vocábulos incorretos? De que forma explicar o *imaterial* mediante verbetes que se revestem de símbolos já identificados? Como decifrar o pensamento desvestido do cérebro, quando este é insuficiente para explicar-se a si mesmo, permanecendo ainda como uma incógnita para a razão? Como estabelecer parâmetros de ordem física num oceano de energia psíquica, inteligente e infinita? Será crível poder-se estabelecer uma linha de comportamento para os fenômenos da mediunidade, considerando-se que cada indivíduo é uma aparelhagem especial com características próprias? Por que se pensar que a conclusão pessoal, resultado de estudos e observações que alguém logrou, deva ser o padrão a permanecer irretocável para todos?

São algumas das muitas questões que deverão ser penetradas a pouco e pouco, demonstrando quantos limites ainda impedem as definições corretas em torno da vida em si mesma e dos fenômenos por ela provocados, no processo de crescimento do Espírito pelos rumos da evolução.

Com muita propriedade Allan Kardec perscrutou a opinião de inúmeros habitantes do mundo causal, deixando em aberto várias questões para o futuro, por compreender que não dizia *a primeira nem a última palavra* dessa incomparável e profunda sinfonia que é a vida.

Descerrando a cortina que velava o *mundo invisível*, ensejou uma visão parcial dessa realidade, favorecendo a criatura humana com recursos preciosos através da mediunidade, para ampliá-la, aumentando a capacidade de entendimento e de vivência, que se prolongará mesmo depois da morte do corpo.

Como é natural, o fato de alguém estar desencarnado não significa que haja adquirido o conhecimento absoluto, estando, por sua vez, em condição de opinar com segurança em torno de qualquer assunto, ou ser portador único de revelação tão bombástica quanto enganosa.

Adotando a *universalidade do ensino*, demonstrou a humildade que lhe era peculiar, a destreza cuidadosa com que lidara com os princípios da imortalidade, da comunicabilidade e da vida espiritual, não ultrapassando os limites que o tempo e a cultura ensejavam, a fim de que os esclarecimentos fossem aparecendo de acordo com a capacidade de entendimento dos homens e mulheres. Assim como chegaram as revelações quando a Ciência as podia confrontar com as investigações e as mentes estavam preparadas para entendê-las.

Não obstante, multiplicam-se em todos os arraiais do conhecimento espiritual os pseudossábios, que na arrogância da sua ignorância, doutoralmente investem contra o que lhes parece não comprovado, fora dos conhecimentos que deverão permanecer estanques nos seus limites culturais, em vez de em constantes processos de elevação e desenvolvimento.

O que hoje se apresenta como extravagante ou inusitado pode tornar-se mais tarde o aceito, o confessional, o real.

Certamente, não se pode nem se deve abdicar do bom senso, da lógica, da razão que analisa e conclui, evitando-se, isto é claro, a postura cerrada de exclusivo detentor da verdade.

A irremediável marcha do progresso deslumbra e ninguém se deve permitir ficar à margem desse incontrolável mecanismo da evolução.

Os horizontes do conhecimento dilatam-se a cada minuto e se multiplicam os desafios culturais e tecnológicos, bem como o intercâmbio com os Espíritos desencarnados, na sua missão consoladora e iluminativa, propiciando enriquecimento moral, emocional e psíquico aos deambulantes na roupagem orgânica.

O ser humano ultrapassa os valores adquiridos e descortina novos céus, novos mundos que pretende conquistar, o que logrará mediante os esforços incessantes que se permita.

Nessa busca de engrandecimento e de glórias, a humildade deve ser-lhe a característica inicial que lhe facultará maior penetração nos ilimitados domínios do Infinito.

A arrogância é trava no processo de crescimento espiritual, enquanto que a simplicidade de coração e o interesse por aprender sempre constituem alavanca de propulsão para a frente e para cima.

Poder contemplar os horizontes da sabedoria e penetrá-los, deverá ser a conduta de todo aquele que se habilita ao amor e ao bem, desejoso de liberdade e de plenitude, por sentir-se ainda aprisionado nos estreitos corredores das reencarnações purificadoras.

26
EDUCAÇÃO MORAL

À educação cabe o inapreciável dever de transformar a criatura humana, alterando para melhor as paisagens morais da sociedade e do planeta terrestre.

Desempenhando o relevante papel de conduzi-la com segurança através do sistemático combate à ignorância, torna-se-lhe a moderadora da agressividade e das paixões primevas, substituindo-as por comportamentos saudáveis, que desenvolvem os sentimentos nobres e insculpem atitudes de respeito à vida e às suas manifestações.

Graças à sua ação continuada, são reformulados os códigos de conduta, que passam por significativa transformação ética, proporcionando bem-estar e harmonia, aspirações dignificadoras e produzindo realizações elevadas.

Alargando os horizontes do pensamento, a educação plasma o caráter em níveis superiores, contribuindo eficazmente para uma saudável convivência com o grupo social, sem atritos perturbadores nem injunções desgastantes.

À educação compete o elevado mister de erguer o ser humano às cumeadas do progresso, apresentando-lhe os horizontes infinitos que aguardam ser conquistados e lhe estão ao alcance.

As suas diretrizes arrancam o belo que jaz no íntimo das formas externas, toscas e embrutecidas, desvelando o anjo oculto que necessita exteriorizar-se.

Fala a linguagem da harmonia, mas também a do sacrifício indispensável para a ascensão.

Não, porém, e exclusivamente, a educação convencional, acadêmica, mas a moral, aquela que trabalha a inteligência e a emoção, os hábitos e as aspirações, o ser integral, que é de duração eterna.

Essa educação formal, sistêmica, memorizada, que recolhe informações intelectuais, contribui para o aprimoramento técnico e cultural, aquele que desenvolve os valores externos e aquisitivos para o consumo imediato.

À educação moral se direcionam os desafios éticos e comportamentais que trabalham nas estruturas íntimas da criatura, facultando-lhe o enriquecimento espiritual, e mediante o qual pode enfrentar com tranquilidade os processos degenerativos que consomem o organismo da sociedade.

Trata-se de poderoso antídoto à violência e à vulgaridade, que promove o indivíduo a níveis elevados de conduta, através dos quais preserva e desdobra os tesouros da sabedoria e da vivência dignificada.

Completando a educação formal, a de natureza moral compreende que o ser atual procede de experiências evolutivas que o assinalam com resquícios e sequelas decorrentes do trânsito por onde peregrinou, sendo indispensável incutir-lhe ensinamentos cujas estruturas transcendem às ambições do gozo e do egoísmo, numa concepção humanista a princípio, humanitária depois.

Lentamente os seus postulados tornam-se vivenciados, e mais profundos se apresentam na razão proporcional às conquistas realizadas.

A educação moral penetra a sua sonda na realidade espiritual e trabalha-a, moldando-lhe as asas da angelitude sem retirar-lhe os pés do caminho humano a percorrer.

Não se trata, certamente, de estabelecer programas de conduta religiosa ou filosófica, submetidos aos critérios ideológicos das suas tendências partidárias. Mas, de transmitir diretrizes universalistas sobre o dever, a solidariedade, o amor, a compreensão, os direitos da cidadania e, acima de tudo, o respeito a tudo e a todos, trabalhando sempre para aprimorar-se e desenvolver o crescimento pessoal e, por extensão, o da Humanidade.

Além de um elaborado código de regras rígidas que interessam a grupos específicos, cabe a vigência de um compêndio de valores que sugerem greis organizadas que convivam harmonicamente com todos os grupos e segmentos sociais.

A educação moral não se circunscreve às palavras com efeitos especiais ou aos verbalismos e florilégios superados, e sim ao comportamento pacífico e fraternal abrangendo todas as pessoas e formas de vida em um imenso amplexo de dignidade e admiração.

Essa contribuição moral formará pessoas de hábitos morigerados e ricas de sentimentos disciplinados, formadoras de comportamentos saudáveis, que se ampliarão pela família alcançando a sociedade como um todo.

Centrado na imortalidade da alma, todo esse trabalho educacional proporá a construção de um ser integral, fomentando o desenvolvimento dos valores imperecíveis, aqueles que têm a ver com a realidade permanente e não apenas com a pessoa conjuntural da transitoriedade física, que se movimenta em busca das realizações que o túmulo desconsidera.

Nessa paisagem complexa, a educação moral dos sentimentos, desenovelando-os propõe um programa de fixação de condutas que se aprimoram, passando pelas diferentes fases do processo evolutivo.

Quando se podem também ministrar os conteúdos vigorosos da moral, que abarca todas as necessidades do ser em relação a si mesmo, ao próximo e a Deus, ampliam-se as possibilidades de elevação e de libertação das paixões perturbadoras, assim como das imposições imediatas e sem profundidade de significado legítimo.

Mediante essa valiosa contribuição – a educação dos sentimentos – o coração se enternece, diluindo a brutalidade atávica dominante, e abre um elenco de conquistas espirituais, que se multiplicam à medida que o ser mais se enobrece.

A educação intelectual, artística, profissionalizante, desempenha importante papel na realização do ser humano, mas é a de natureza moral, que não se encontra nos livros, mas sim nos exemplos, que o libertará dos condicionamentos negativos, equipando-o com os instrumentos indispensáveis à sua sublimação.

27
DESAFIOS DO IDEAL

Quando alguém se dispõe à luta para a edificação de qualquer ideal passa, necessariamente, por três fases específicas indispensáveis ao êxito que lhe deve coroar o esforço: sonho, construção do programa ambicionado e sua habitação.

De início, é impositivo primacial gerar alguma coisa, concebendo-a como essencial à própria existência. Ninguém, portador de mente lúcida e dotado de sentimentos dignos, que não sinta necessidade de promover o progresso da Humanidade, quanto àquele de si mesmo, que brota do inconsciente e se torna uma força capaz de remover os mais difíceis obstáculos que se apresentem.

Como um sonho, passa a alimentar o psiquismo que se nutre do delineamento da obra, que vai tomando vulto até abarcar todos os espaços da mente e do coração. Por mais se deseje dissociar do mapa mental a onda idealista, eis que se lhe instala e cresce, fazendo-se o motivo básico da existência.

Envolve todo o ser em inabitual alegria, transmitindo musicalidade às horas e sentido psicológico para a caminhada ascensional.

Vertendo das Esferas Superiores, enriquece mediante o delinear de aspirações que se convertem em verdadeiro encantamento. Os mais graves cometimentos alteram-se, transformando-se em emulação para o prosseguimento das lutas. Por mais que invista os valores do esforço e do sacrifício, esses contributos não constituem sofrimento, antes energia nova para tornar realidade o que se encontra formoso nas paisagens profundas do psiquismo.

O sonho é o grande passo definidor de qualquer projeto, porque pode ser renovado a cada momento, alterando contornos, ampliando traçados, recompondo páginas e remodelando-o quantas vezes aprouver.

Essas paisagens iridescentes do mundo mental dão dimensão do infinito de possibilidades que se encontram diante de todo e qualquer indivíduo, aguardando pela sua cooperação.

Espelho mágico a refletir a realidade metafísica, plasma abstrações que um dia se transformam em fenômenos objetivos na esfera dos sentidos humanos, que se desenvolvem sob os seus comandos sutis.

Região da transcendência, nesse painel delicado os mentores da Humanidade trabalham as aspirações humanas e nelas insculpem os pensamentos que comporão o futuro e são antecipados por inspiração, desde que haja silêncio próprio para captar as suas vozes inarticuladas.

Quem não anela, não sonha, ainda permanece em níveis deploráveis do processo da evolução, sem a captação das harmonias espirituais que envolvem o Planeta e todos quantos o habitam.

Vivenciada essa fase, arrebatado pelo projeto de realização idealista, o indivíduo passa à construção do programa. Materializar a ideia é enfrentar as dificuldades de encontrar o material hábil para a sua concretização, os recursos próprios, identificar as circunstâncias e propiciar-se valores morais, a fim de não precipitar os momentos que têm a sua hora específica.

A instalação dos ideais superiores no mundo físico encontra diversos obstáculos compreensíveis, em razão da sua estrutura densa e conveniente à preservação da ignorância e do parasitismo. Diante de novos cometimentos que irão alterar a qualidade do comportamento, as resistências do convencional, do aceito, se levantam em forma de barreiras impeditivas.

Tudo parece conspirar para dificultar ou mesmo não permitir que haja alteração naquilo que está conforme o prazer geral, concedendo comodidade a alguns em detrimento dos demais que choram e que sofrem, cujas vozes não são ouvidas, abafadas pelo ruído daqueles que estão alucinados e intoxicados pelas festas vãs, nas quais afogam as próprias debilidades...

Ninguém, entretanto, pode impedir a força ciclópica do progresso, nem frear a marcha da evolução, que sempre irrompe quando menos se espera e produz fissuras no organismo do poder mentiroso, levando ao malogro da sua dominação.

Pedra a pedra, em ação contínua, se levantam as obras da dignificação humana e social, alterando o comportamento ocioso e cúmplice da indiferença, que cede lugar aos novos impulsos das realizações incomparáveis, que tornam a vida mais apetecível e o espírito humano imbatível pela força do seu idealismo.

Nessa batalha sem quartel, surgem os mártires, apresentam-se as vítimas permanentes para as paixões asselvajadas terem ensejo de ferir, para atender os equivocados quanto à realidade do ser e do seu destino. No entanto, sabem, esses que se empenham pela alteração das condições de vida, que o seu exemplo irá fecundar outras sementes que estão sepultadas no âmago de outros heróis e que ainda não tiveram ensejo de vir a fluxo.

Após o seu trânsito, e em sua memória, muitos outros estarão estimulados a levar adiante o trabalho que a morte não interrompe, não raro os próprios idealistas retornando pela dádiva da reencarnação, ampliando as possibilidades propiciatórias do desenvolvimento da sociedade e da mudança de mentalidade enfermiça que por largo período vicejou dominante.

A história da construção dos ideais é a saga do sacrifício e da abnegação daqueles que se tornaram seus instrumentos dignos.

Nesse labor, as injunções penosas em vez de produzirem desânimo, mais vitalizam os seus inspiradores, que se sentem projetados na direção do futuro, que podem captar por antecipação.

As calúnias e maledicências, as acusações indébitas que produzem celeuma, tornam-nos conhecidos mais do que a divulgação excelente dos seus propósitos. Todos aqueles que encetaram a marcha para a realização do enobrecimento experimentaram os ataques sórdidos dos adversários do progresso, que os excruciaram, e porque os não venceram, utilizaram-se da chocarrice, da chalaça, intentando ridicularizá-los, tornando-os, assim, conhecidos e até mesmo respeitados em outros lugares onde as suas vozes ainda não haviam chegado.

E porque os seus ideais eram verdadeiros, tocaram pessoas nobres e descomprometidas com os aranzéis dos parvos, que lhes aderiram ao empenho de renovação do grupo social em particular e do mundo em geral.

O próximo passo é o da aceitação, que se generaliza, sendo um momento crucial, porque o conteúdo profundo da mensagem se torna superficial, adulterando-se--lhe a expressão.

Fundamentalmente esse estágio, o da construção exitosa, torna-se delicado, porque é nessa fase que as expressões do egoísmo de quantos se acercam se manifesta, apresentando sugestões pessoais, fora do contexto do ideal, e lutas desnecessárias para o exibicionismo, a vaidade, a exacerbação dos sentidos.

O idealista, no entanto, que atravessou os momentos mais escuros, conhece a via em que agora deve deambular, e com habilidade prossegue sem perturbar-se com as injunções momentosas das distrações, dos embaraços, das competições quase inevitáveis.

Concluída a fase de construção, surgem os projetos da manutenção e vivência, que aguardam por cuidados especiais.

Agora, porém, apresenta-se a hora de habitar o sonho, não mais de correr, de afadigar-se, de prosseguir em desespero, de insistir em desarrazoadas tentativas de continuísmo, passando à satisfação de viver as emoções compensadoras do esforço desenvolvido.

Nem todos estão preparados para habitar os sonhos tornados realidade. O ritmo de trabalho, as fadigas incontáveis e noites intermináveis criaram o hábito de mover-se e esfalfar-se de tal maneira, que a mudança de comportamento parece impossível de ser adotada.

O idealista, malgrado os seus sentimentos nobres, perde o contato com a realidade e acredita-se *dono* do labor, imaginando que ninguém tem condições de substituí-lo, transformando-se em instrumento de perturbação e de mau desempenho, por não querer repartir com os demais, esquecendo que todos somos mordomos das Divinas Concessões e que daremos conta do que seja realizado.

Habitar o sonho, certamente, não é distanciar-se do mister, pelo contrário, trata-se de vivê-lo em outra dimensão, de fruí-lo em manifestação diferenciada, de ser feliz ante o realizado, pensando com calma nas imensas possibilidades que ainda estão desenhadas, mas que talvez outros devam dar continuidade.

Mediante esse raciocínio, a paz se aloja no coração e a confiança que, em momento algum depereceu, robustece-se e alegra-se rica de gratidão à Fonte da Vida de onde tudo procede.

Todo ideal direcionado à Terra pode ser comparado a um filho amado que se concebe enternecidamente, se lhe prepara o enxoval de amor e de carinho, para ir educando-o com esforço e esmero até o momento de entregá-lo ao destino que o aguarda, para que dê continuidade ao processo de crescimento dele próprio e da Humanidade.

Impedi-lo de avançar por cuidado ou excesso de zelo é castrá-lo e privar a sociedade da convivência de um dos seus queridos membros, em tormentosa volúpia de propriedade de vida, longe da razão e da lógica.

Da mesma forma que os pais são cocriadores, os obreiros são coedificadores, cujo desempenho se coroa de alegria, quando terminada a etapa que lhes foi destinada a realizar.

Sonhar com os ideais de engrandecimento humano, empenhar-se na sua edificação e habitar os resultados com carinho e gratidão a Deus, constituem os passos gigantes que todos os indivíduos devem promover em favor de si mesmos e da sociedade.

28
Sementeira e ceifa

Diante de alguém enfermo, considera as bênçãos da saúde que desfrutas e aprofunda reflexões em torno da existência na qual te encontras mergulhado.

Muitas vezes rebelas-te em face da ocorrência de acontecimentos de pequena monta, que te alfinetam, desarmonizando-te: a intriga gerada por um amigo insensato, a calúnia proposta por outrem em desequilíbrio, o atrito doméstico que poderias ter evitado, a irritação por incidente sem importância, a censura descabida por parte de um comensal da tua fraternidade, a pseudossolidão, a enganosa insatisfação, enfim, inúmeros fatos que somente adquirem valor porque lhos deferes...

Uma imensa gama das dádivas com que te enriqueces, e que tornam tua jornada apetecível e valiosa, não recebem a consideração devida, enquanto te deixas sombrear por nonadas.

Essa é uma atitude profundamente perturbadora e ingrata de tua parte para com a Misericórdia Divina que te assiste.

Eles também, os nossos irmãos enfermos, não estão abandonados pela Providência, embora as circunstâncias em que se encontram.

O que merece atenção é a análise entre ti e os companheiros de viagem, que foram colhidos pelos efeitos dos erros perpetrados, e não se podem evadir, enquanto te encontras em posição confortável para o refazimento das experiências, a retificação dos enganos, a reparação dos males praticados.

Assim sendo, retempera o ânimo na coragem e refaze o conceito sobre aquilo que te mortifica injustamente, aproveitando-te dos tesouros de que dispões para os aumentar, investindo-os no próprio como no bem em favor do teu próximo.

O renascimento no corpo físico representa para o Espírito um ensejo educativo para crescer e iluminar-se, aprimorando-se, momento a momento, porque o tempo transcorre com facilidade e rapidez, não restando melhor alternativa que a de utilizá-lo com sabedoria e equidade, conseguindo os mais saudáveis resultados possíveis.

O enfermo que te contempla emparedado em uma rude prisão orgânica, limitado nos movimentos, repara o uso indevido que fez dos membros que o levaram a trilhas tortuosas, nas quais se acumpliciou com o crime.

Esse, que vês deformado, com degenerescência genética a assinalá-lo desde o berço, também se permitiu o abuso dos recursos da saúde e da beleza, atirando-se em desfiladeiros de sombras, onde a porta falsa do suicídio se lhe abriu, frustrando-lhe todos os planos momentâneos de evolução.

Aquele que tateia em trevas mentais sob os relâmpagos da loucura agressiva ou em silêncio infindável, revê as agressões que cometeu contra outras vidas, as traições ver-

Dias gloriosos

gonhosas que praticou, as soturnas incursões nos direitos alheios que destroçou.

Esse outro, que identificas idiotizado, que ri continuamente em esgares e convulsões tormentosas, enganou e traiu a confiança de outrem que lhe entregou os sentimentos e os recebeu dilacerados, com imensas ulcerações morais que lhe ficaram vivas, e agora, também enlouquecido pelo ódio devorador, se lhe acoplou nas áreas delicadas do psiquismo, produzindo hedionda obsessão.

Aqueloutro, que estorcega entre dores inomináveis e punhaladas invisíveis, realiza a sega moral dos atos abomináveis que praticou contra o seu próximo, nos cenários mentirosos do poder que desfrutava, perseguindo e esmagando sem piedade.

Doem-te a expressão vazia do autista, que repentinamente se faz agressivo; a tristeza profunda que sombreia a face do psicótico, que anda mergulhado em torpe melancolia, odiando-se, como a tudo e a todos que o cercam; a movimentação desordenada de quem sofre distúrbio neurológico sem uma pausa, desesperando-se e inquietando aqueles que o amparam; a máscara de ódio do esquizofrênico com tendência para o homicídio e a degradação; a conduta vulgar e promíscua do aprisionado no leito infecto ou na cela estreita e imunda, mas todos eles, nossos irmãos da agonia, se encontram sob as injunções de corretivos severos, a fim de que aprendam a respeitar os valores morais e a pessoa humana, experimentando, simultaneamente, obsessões soezes, em pugna sem limite com aqueles aos quais malsinaram e devastaram os sentimentos.

Outros mais, trucidados por enfermidades degenerativas e por aflições morais indescritíveis, não fogem da lembrança da culpa nem da Consciência Cósmica que comanda com equanimidade a vida onde quer que se manifeste.

Todos eles, como tu próprio, não podeis fugir aos Soberanos Códigos.

Conforme a ação, logo sucede a reação.

Enquanto te encontras aparelhado com os instrumentos sadios do corpo físico, que te serve de veículo para o progresso, caminha com segurança pela senda do Bem, aprimorando-te sempre e sem cessar.

Não consintas que a indolência, a insatisfação, o aparente insucesso te congelem os mecanismos de progresso ao teu alcance.

Valoriza a dádiva da hora que passa e ilumina-te.

O triunfo é, muitas vezes, resultado de muitos sacrifícios e falhas. Quem não se dispõe a repetir para acertar, já fracassou antes da tentativa para o êxito.

Saúde, harmonia orgânica, família em equilíbrio, mente lúcida e possibilidades de trabalho honroso, algumas comodidades pela frente, são também empréstimos divinos para que os saibas aplicar, a fim de que não retornes de mãos vazias e em débitos, tentando justificativas que não encontram respaldo na Legislação que te comanda o destino.

Por fim, recorda-te de Jesus que, em todos os momentos, utilizou os sublimes dons de que se encontrava investido para amar e servir, apontando o rumo da felicidade, que começa no passo decisivo da autoiluminação.

29
Despojamento

O grande adversário da soberba, filha dileta do egoísmo e do orgulho, é o despojamento.

Quando o indivíduo adquire a capacidade de libertar-se de amarras muito bem urdidas, que o aprisionam no cárcere sem paredes das paixões primevas, nas quais se demora em círculo vicioso de prazer vão, consegue autoenfrentar-se, descobrindo os caprichos doentios do *ego* e todos os disfarces de que se utiliza, a fim de permanecer dominando.

Vasculhando os sentimentos profundos, percebe que muitos dos fatores que lhe justificam comportamentos enfermiços, com que se apresenta nos círculos sociais, são tramados por esse famanaz do personalismo, que pretende dominar todas as paisagens onde se encontra, dando origem ao orgulho, que é a matriz inditosa das discriminações condenáveis e das atitudes criminosas.

No egoísmo e no orgulho, centraliza-se a hediondez que conduz o indivíduo aos desvãos da arrogância de falsa superioridade, de privilégios que exige por desfrutar, de caprichos mórbidos que deseja impor.

A humildade, por sua vez, essa conquista insuperável da evolução, dando medida do significado real do ser humano ante o Cosmo, é a combatente silenciosa e serena que vai tomando posse das diversas áreas do sentimento, por verificar a rapidez com que passa a fatuidade e como esta é destituída de sentido emocional e humano legítimo.

O humilde estabelece, de imediato, a necessidade do despojamento dos valores que não têm significado verdadeiro, porque são de constituição ilusória: títulos de nobreza, homenagens de destaque na comunidade, de honradez, de coragem, de serviço ao próximo, de beleza, de cultura, de arte, porque ao se modificarem as circunstâncias, ou passarem os homenageadores, substituídos por outros que pensam de forma diferente, podem cassá-los, ou as enfermidades, as fraquezas morais podem alterar o comportamento do elegido, que, se orgulhoso, se torna reprochável ou demente, agressivo ou extravagante, esnobe ou perverso.

Enquanto no corpo físico, o Espírito está sempre sujeito a muitas vicissitudes, devendo-se impor vigilância constante e oração frequente, para livrar-se da própria mesquinhez em forma de paixões perturbadoras.

O indivíduo deve despojar-se de tudo quanto lhe é supérfluo.

Acumula coisas inúteis, na expectativa inviável de utilizá-las algum dia, que nunca chega.

Reúne objetos, aos quais atribui significado, que permanecem sem alma, quando necessita de companhia na solidão.

Guerreia por terras e campos de que se apropria, permitindo-se desmandos terríveis para mantê-los, fomentando a miséria daqueles que os não possuem e combatendo os invasores que não dispõem de teto, enquanto ele não tem a mínima necessidade de uma parte sequer de tantos haveres.

Guarda roupas, calçados, adereços e joias que atulham os armários e as gavetas, com desmedida ambição, não os podendo usar, senão, a pouco e pouco, aumentando os estoques ante a contínua variação da moda.

Coleciona automóveis, em inconcebível usura, quando somente de cada um deles se utiliza uma que outra vez.

Suas contas bancárias, mortas em investimentos oscilantes, dariam, se aplicadas na beneficência, no humanitarismo, que gerassem empregos e dignificassem os indivíduos, para equacionar, senão minimizar os problemas da fome, das doenças endêmicas do mundo, alterando completamente a geopolítica humana ora vigente.

A volúpia por adquirir instrumentos eletroeletrônicos aturde, levando-o a exageros, quase sem espaço para instalá-los e bem pouco fruí-los por falta de tempo hábil para tanto.

Mas o orgulho que exorbita, aumenta-lhe a emoção pela posse e o leva ao campeonato da exibição social, quando se discutem as conquistas de breve duração.

O essencial é mais importante do que o supérfluo, que nunca tem utilidade para quem o guarda.

Na alucinação que predomina no corre-corre das compras e do luxo, torna-se difícil selecionar o que é valioso daquilo que apenas parece ser.

Somente aprendendo a técnica do despojamento, é que surge a liberdade, e, por extensão, a felicidade.

Reparte os excessos – o que não te faz falta – com aqueles que os necessitam, enriquecendo outras vidas.

Valoriza o tempo, simplificando a tua existência, mediante a diminuição de objetos e complexidades inúteis.

À medida que te fores liberando das coisas que te afligem por ter e por medo de perder, irão surgindo espaços emocionais para que sejam colocadas outras aspirações que o tempo não consome, os ladrões não roubam, nem as traças roem.

Áreas psíquicas que se encontram preenchidas por inutilidades imediatistas cederão lugar para que se instalem reflexões plenificadoras, êxtases refazentes e paz duradoura.

Despojando-te dos objetos exteriores, irás também te desapegando dos vícios que escravizam, dissociando-te das injunções penosas que o egoísmo e o orgulho te impõem e descobrindo a beleza do amor que se expande e que plenifica o coração.

Começa, portanto, despojando-te, desde este momento, de qualquer valor que não tem real valor, e avança no rumo do despojamento espiritual das tuas vacuidades terrestres.

Anotações

Impressão e Acabamento | Gráfica Viena
Todo papel desta obra possui certificação FSC® do fabricante.
Produzido conforme melhores práticas de gestão ambiental (ISO 14001)
www.graficaviena.com.br